「気がつくだけの人」を
「気が利く人」に変える、
たった1つの考え方

the wall of
psychological conflict

気づかいの壁

川原礼子 企業研修講師

ダイヤモンド社

「あ、あの人、困ってるかも？」

と、せっかく気がついたのに……

ゴゴゴゴゴ……


「おせっかいだったらどうしよう……」

という躊躇《ちゅうちょ》。

「たぶん大丈夫だろう…！」

という自分への言い訳。


そんな〝心の壁〟が立ちはだかってしまうことがありませんか。

せっかく察したのに、もったいない！
そんなとき、
こう考えることはできないでしょうか。

「以前、私が困っていたとき、
誰かが声をかけてくれて嬉しかったな……。
よし、今度は私が声をかけてみよう」

そうやって「1秒」で判断してみるのです。

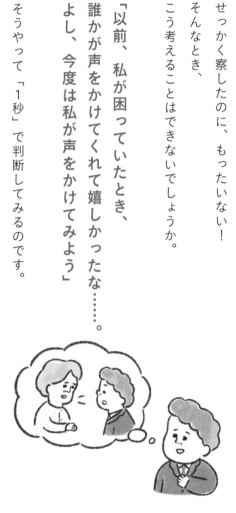

たとえば、あなたの職場の入り口に、
見たことのない人がウロウロしているとします。
あなたなら、どうすると思いますか？

1 たぶん気づかない
2 すぐに声をかける
3 気づくけど、特に何もしない

1 のように、
「入り口なのに邪魔だな……」としか思わないような人は、問題外！
でも、こういう「鈍感《どんかん》な人」っていますよね……。
2 のように瞬時に声をかけられるフットワークの軽い人もいます。
こういう方は、とても素敵ですよね。

さて、おそらく多くの方は、3を選んだのではないでしょうか。

「あれ、困っているのかな？」と思えたなら、

〝気づかいの素質〟があります。

でも、「まあ、きっと誰かが声をかけるだろう……」
と、自分に言い訳してしまい、こそこそと
「気づかないフリ」をしてしまうはず。

それって、相手からすると、

「気が利《き》かないな……」

と思われ、1の鈍感な人と同じに見られても仕方ないんですよね。

でも、せっかく**「気がつく人」**なのですから、
その素質を存分に活かし、
「気が利く人」に変わりたいと思いませんか？

気づかいには、「壁」があります。

詳しくは本文で説明しますが、
〝あなたの心の壁〟と**〝相手の心の壁〟**
この2つを、うまく乗り越えたり、
尊重したりすることがポイントです。

この本では、あなたに、たった1つの考え方を授けます。

これさえできれば、あなたの印象はガラッと変わるでしょう。

とはいえ、

「相手の気持ちを考えましょう」

「アンテナを立てて気づけるようになりましょう」

というような〝**精神論**〟は、語りませんので安心してください。


必要なのは、たった1秒の〝**判断軸**〟だけ。

その考え方のコツを教えましょう。

謙虚《けんきょ》な人、
内向的な人、
繊細《せんさい》な人、
人を思いやれる人……

これは、そんな気づかいの素質の持ち主が、上手に「壁」を乗り越えて、1つ1つの気づかいを積み重ねていく。そのための本です。

そんな人には必ず、

「この仕事をお願いしたい」
「あなたなら安心して任せられる」
「ぜひ、またお会いしたい」……

と、大きなチャンスがおとずれるようになります。

「気が利く人」だけが、
自分でも思ってもみなかった高みへと辿《たど》り着けるのです。

その一歩を、さあ、
一緒に踏み出しましょう！

気づかいの壁

川原礼子

はじめに――「気がつくだけ」の人生を変える

まずは、あなたの「社会人1年目」のことを思い出してみましょう。

入社して間もない頃は、「会社が用意したビジネスマナー講習」や「上司からの指導や注意」を受けたことでしょう。

あるいは、「ビジネススキルの本」を課題図書として読まされたかもしれません。


その後、職場にも慣れ、自分の仕事をこなせるようになっていきます。

一人前になった頃、ある瞬間がおとずれます。

それは、

「あなたに、誰も何も言わなくなる」

という現実です。

もちろん、中堅社員として立派になったからという側面もあります。

しかし、そこから先、「**チームや職場のことを考えられるかどうか**」「**後輩や部下の面倒をみられるかどうか**」は、人によって差が出てくるのです。

ある程度の年齢になってくると、もう誰も、「チームのことを考えろ」とは言ってくれません。30歳を過ぎた中堅社員に、「挨拶《あいさつ》をしましょう」なんて、誰も注意しませんよね。

しかし、言うまでもなく、挨拶ができるかどうかは、ハッキリとあなた自身の印象に関わってきます。

つまり、**自分で気づかないといけなくなる**のです。

若手と言われた20代は「スキルや理論」で仕事をこなし、結果さえ出していればよかったけれど、30歳を迎える頃から、それだけでは立ち行かなくなっていきます。

毎年後輩は増えていきますし、役職がつけば部下も生まれます。

業務の進捗《しんちょく》だけでなく、その人たちと過ごす「日常」にも気を配ることが求められます。

意識して自分を変えるか。

それとも、**そのまま変わらないか。**

その先で、

「大きな仕事を任される」

「リーダーに選ばれる」

「意見を求められる存在になる」


など、あなた自身の人生の大きな成果につながってくるのです。

鈍感なままベテラン社員になってしまうと、もう、この部分は変えられません。

「理」だけで仕事をしてきた人は、必ず行き詰まります。

手遅れになる前に必要なもの。

それが、「理」と対になる「情」、つまり**「気づかい」における思考法**なのです。

「気づかいのプロたち」からの学び

自己紹介が遅れました。川原礼子と申します。

私は現在、「顧客ロイヤルティ（お客さまとの信頼関係づくり）」をベースに、ビジネスセミナーへの登壇や、営業や顧客対応担当者に向けたコミュニケーションスキルの研修講師をしています。

独立して8年あまり、**およそ200社、2万人のビジネスパーソンに向けて研修やセミナー登壇をしてきました。**

その前には、リクルートのCS推進室にいました。

「ホットライン」という、読者やユーザーからの問い合わせや苦情を受ける窓口を設け、商品やサービスの改善・顧客満足の向上に活かす部署でした。

入社した当初は電話やメール対応の実務をこなし、役職がついてからは「上を出せ」というクレームにも何度となく対応してきました。

その前に在籍していた通信会社で責任者として教育にも携わっていたこともあって、リクルートでは「教育チームリーダー」に就任し、やがて他部署や取引先で顧客対応研修、じゃらんやゼクシィ、ホットペッパービューティー主催のセミナー・フォーラムにも登壇してきました。

さらに遡ると、留学後そのままアメリカに残り、カリフォルニア大学の本校があるバークレーという街で、寿司レストランの女将を10年近くしていました。

会社員時代を経て現在に至るまで、一貫して〝お客さま〟と向き合っています。

そんな経験を通して、特にサービス業、ホスピタリティ産業で働く知り合いが多く、コミュニケーションスキルの情報をアップデートし続けています。

サービスの達人である知り合いたちからは、多くの接客ストーリーを聞きます。

そこで教えられることは、

「**当たり前のこと、普通のことをやっているだけ**」

ということです。

たとえば、人気旅館の元副支配人は、チェックインを受ける際、お客さまが握るペンを見て、「利き手」を確認していたそうです。もし左利きの場合は、食事処のスタッフに伝えて、**そのお客さまの箸の向きを変える**のです。

ゆっくり歩くお客さまなら、もしかしたら足腰がつらいかもしれないので、翌朝お見送りするときは、**そのお客さまの靴を玄関の端のイスの近くに置く**そうです。

「また来たい」と思う旅館には、相手がわかるか、わからないかくらいの気づかいが、至るところにちりばめられています。

- **大きな荷物を持って店内に入ったら「カゴ」を持ってきてくれた**
- **薬を飲もうとしたら「氷抜きの水」を持ってきてくれた**
- **ジャケットを羽織ったら「エアコンの温度」を上げてくれた**
- **咳《せ》き込んだら、そっと「キャンディ」を渡してくれた**

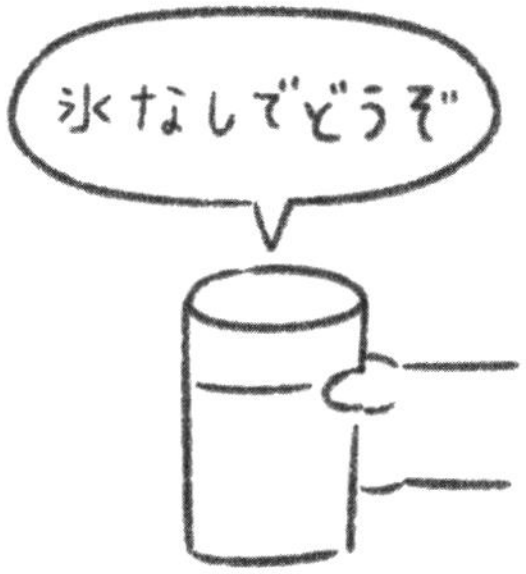

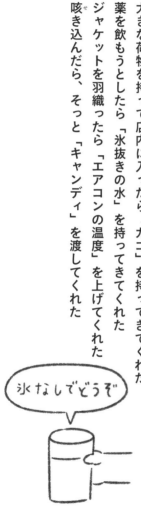

こうした気づかいの有無が「居心地の良さ」につながって、他に選択肢がたくさんある中で、「また、あそこに行こう」という決め手になっているのです。

これらは、サービス業に従事する彼らにとっては「普通のこと」です。

しかしもちろん、一般のビジネスパーソンには、ここまでの気づかいは不要です。

ここから得られるヒントを、「**ビジネスパーソンに必要なスキル**」としてお伝えするのが、私の役割です。

「気づかいの差」が「人生の差」を生む

たとえば、「採用面接」の場面を想像してみましょう。

最初の一次、二次面接くらいでは、ロジカルな受け答えや実績、資格などがあれば、わりと簡単に通過できます。

ただ、最終面接が近くなってくると、能力での差はほとんどなくなります。

最後の最後は、採用担当の**「なんとなくこっちかな」という、言葉にできない要素**で決まります。

- **待機エリアで他の就活生に「緊張しますよね」と語りかけて空気を和《なご》ませていた**
- **朝一番の面談に迎えると、「朝早くから、ありがとうございます」と挨拶された**
- **グループ面接終了時に、他の人が戻し忘れていたイスをテーブルに戻していた**
- **他の人が出るまでドアを押さえていた**
- **「お隣の○○さんが言っていたことについて……」と、他の参加者の名前と発言内容を覚えていた**

こんな人が、内定のチャンスを掴み取っているのかもしれません。
この見えないところこそが、**「気づかい」への意識の違い**です。
その積み重ねが、人生を左右する大きな要素に変わっていきます。

2022年のイグノーベル賞経済学賞に選ばれたのは、「**なぜ最も才能のある人ではなく最も幸運な人が成功することが多いのか**」を数学的に説明した研究でした。

その研究では、「**そこそこの才能を持った非常に幸運な人は、非常に才能を持った不運な人よりも常にずっと成功する**」という結論を出していました。

一方で、「才能も必要ですが、ただ才能があっても不幸なこともある。これは幸運が来るのを待ちなさいという意味ではありません。**幸運と出会うためには、前進する必要があるのです**。それが私たちからのメッセージです」というコメントが印象に残りました。

たとえば、あなたが取引先の会社から、

「職場から誰かもう1人を連れてきてよ」

と言われたときに、誰を選ぶでしょうか。

すごい実績の人や経験豊かな人でしょうか。

でも、失礼な発言をする可能性があったり、デリカシーがなかったりする人だったら、「あの人はちょっとやめとこうかな……」と躊躇すると思います。

それなら、「仕事を頑張っていて気が利く後輩」を連れていったほうがいいですよね。

その差は、日頃の「**ちょっとしたこと**」にあるのです。

私たちは、「ちょっとしたこと」が嬉しかったりします。

アメリカ人の友達にプレゼントを渡した際、包装のテープの端を、剝《は》がしやすいように折ってあったのを見た彼に、「ワオ！」と驚かれたことがありました。


ビジネスにおいても同じです。

言っていることは正しいし、データや根拠もある。

仕事の結果も出している。

それなのに、**「なぜか一緒に仕事をしたくない」という違和感**があって、その関係が長続きしなかったことはないでしょうか。


「お客さまをモノ扱いしていた」

「担当者の名前をぜんぜん覚えていなかった」


そういった違和感の原因も、「気づかいの欠如《けつじょ》」にあるのです。

逆にいうと、その気づかいさえあれば、

「最後にチャンスを掴める」

「また次の仕事をお願いされる」

「なぜか運がいい」

という人生が送れるのです。

「たった1つの気づき」でチャンスを掴み取った人

これは、ある営業マネジャーの女性の話です。

彼女がいたのは、新人は泣き出し、「教えても伝わらない」と中堅社員はイラつき、「まだ育たないのか」と周囲からプッシュされるというような、自分のことだけやっていればいいという組織で、みんながしんどそう……。

そんな組織に、若手を預けると順調に成長させる部下がいたそうです。

ある日、忙しそうなその部下に仕事を頼んだとき、

「もちろん、いいですよ」


という返事が返ってきたのを聞いて、彼女はハッとしたそうです。

忙しいときに突然の仕事なんて、誰も引き受けたくありません。

でも、そんなときでも、どうせ引き受けるなら、気持ちよく引き受けたほうがいいに決まっています。

だから、部下は、**「いいですよ」に「もちろん」をつけた**のです。

それまで彼女は、こうした言葉づかいは性格の違いだと思い込んでいました。

でも、それは、**部下からの「気づかい」によるものだった**と悟《さと》ったのです。そしてそれは「誰もがすぐに変えられること」でもあります。

すると、やったほうがいいのにやってこなかった「自分の気づかい不足」にも気がつきました。

組織を変えるには、まず自分が変わること。

そこから、「いいな」と思った気づかいの言動を自分のコミュニケーションに加えるようにしたそうです。

すると、**上司との会話が増え、続いて上司と他の部下、部下と部下へと、少しずつ良好な関係性の輪が広がっていった**そうです。

きっかけを与えてくれた気づかい上手な部下が昇格し、新人が泣かずに育つ組織へと変化したのを見届けたところで、彼女は会社を離れました。

今は、ある企業で立派に人事部長にキャリアアップしています。

「目に見えない壁」を可視化する

さて、ここまでに語ってきたような気づかいのメリットは、すでに多くの本にも書かれていると思います。

「**そうはいっても、心のハードルがある**」という、内向的な人や繊細な人にまで届くようにフォーカスするのが、本書です。

気づかいの前には、人間が持つ「2つの壁」があります。
「自分の心の壁」と**「相手の心の壁」**です。

まず「自分の心の壁」。
新人の覇気《はき》がない。
後輩は伝えた方針に納得していなさそう。
会議は不穏な空気が漂っている……。
こんな場面に遭遇すると、何かしたほうがいいとわかっているのに、

「余計な一言かもしれない」
「たぶん迷惑だろう」
「スタンドプレーと思われそうだ」……

と、自分で決めつけ、「何もしない」ことを選んでしまいます。

壁を越えたいのに越えられないのです。

そのときの考え方のヒントを紹介するのが、本書の特徴です。詳しくは、本文で説明しますね。


また、越えたほうがいい壁がある一方で、越えないほうがいい壁もあります。

それが「相手の心の壁」です。


たとえば、あなたは、「人からアドバイスを受けること」が好きでしょうか。

最初はありがたく耳を傾けていたけれど、延々と続くうちに「うんざり」したという経験は誰にもあると思います。

アドバイスする側にしてみると、相手の気持ちを敏感に察し、心をすり減らすほど寄り添っています。

ところが気づかぬうちにやりすぎて、相手の心の壁を踏み越えていることがあります。

いいアドバイスも、壁を越えると「説教」に変わります。

しかも、相手から大したリアクションが返ってこないと、

「せっかくあんなに言ってやったのに……」

と、がっかりしてしまいます。

これでは、する側もされる側も疲れます。


気づかいには、**「相手の領域に踏み入らない」「やりすぎない」「引き際を知る」**ということも必要なのです。

まずは、「自分に心の壁があるように、相手にも心の壁がある」ということを知っておくことです。

あくまで自分のことを軸にしてください。

その結果、自分も相手も疲れない、ちょうどいい気づかいの距離感が生まれます。

その考え方についても、本文で詳しく説明します。

「察してよ」という精神論は、もうやめよう

多くの「気づかい」の本には、ある弱点があります。

それは、

「相手の気持ちを考えましょう」

「俯瞰《ふかん》して観察しましょう」

「場の空気を察してください」

というアドバイスが、**簡単なことのように書かれている**ことです。

私自身、過去の研修では同様のことを伝えていたこともあるのですが、精神論を伝えても、「できる人」と「できない人」に分かれるということを経験してきました。

人の気持ちに気づけるかどうかは、やはり「生まれ持った性質」が関わってきます。

昨今よく話題になる「ＨＳＰ（繊細な人）」もそうです。ＨＳＰという概念を提唱したア

メリカの心理学者エレイン・アーロン博士の調査によると、「生まれつき繊細な人」は5人に1人の割合で存在するのだそうです。

繊細な人とそうでない人では、神経システムに違いがあり、**同じシチュエーションでも、繊細な人は他の人が気づかないような小さなことに気づきやすい**のだそうです。

逆に、人の感情や空気を読み取ることが苦手な「発達障害」もあります。

発達障害とは、脳機能の特性です。発達障害がある人は、**状況を読んだり、人の気持ちを推測したりすることが苦手である**ことがわかっています。

一方で、世の中には、生まれ持った才能で「人と壁を作らない性格」の人もいます。

幼少の頃からのびのびと幅広い人たちと社会生活を送ってきた人は、社交的な性格になりやすいです。商売人の子どもで、幼少の頃からお店に立っているような子を想像すればわかりますね。

そういう人を例に挙げて、

「**あの人みたいに明るくなりなさい**」

「ポジティブ思考に変わりなさい」と言われても、困ってしまうと思います。

そこで、本書では繰り返し、

「あなたが『気づいたとき』に壁を越えましょう」

「プロからヒントを得て、誰でもできることから取り入れましょう」

という表現を使っていきます。

気づいたあとに躊躇してしまう、その考え方のクセを取り除くことは、誰にでもできるからです。ぜひ、その思考法を身につけてほしいのです。

「あのとき嬉しかった」が、気づかいの最強の軸

そのために1つ、とっておきの簡単な「気づかいの軸」をお伝えします。

それは、その気づかいの教えに、

「自分がされて嬉しかった経験があるかどうか」


を思い起こすことです。

たとえば私が、「メールは短く書きましょう」というアドバイスをしたとします。

その次にやってほしいのは、「それを盲信《もうしん》してすぐにメールを短くすること」ではありません。過去の、あなた自身の経験を思い出してほしいのです。

「最初の上司からのメールは、**簡潔で、わかりやすかったな**」
「プレゼン前で緊張していたときの、**あの一言のメッセージは嬉しかったな**」

という、感情を思い出してみることです。

それがあるなら、そうしてみればいい。

逆に、短いメールで助かった経験がまったくないのであれば、無理に短くしなくていいのです。そうやって、あなた自身がこれまでされてきた「気づかい」を思い起こしてみることです。

それがセットになることで、あなたの中に「**だったら、壁を越えてみよう**」という意識が腹落ちすることでしょう。

答えの判断軸は、すでにあなたの中にあります。

他人の判断で正解をあれこれ考えることなく、納得した上で行動に移せるはずです。

これが、気づかいの最初の一歩です。

あなたのこれまでの人生で、あなたの中には、**たくさんの人からの「気づかい」がストックされている**はずです。

これまで社会人として成長してこられていたり、環境や人間関係に恵まれていたりするのであれば、なおさらです。

たくさんの先輩や外部の関係者の方から、気づかいをされてきているはずです。

今度は、**そのストックを思い起こし、1つ1つ、考えながら、後輩や部下、これから出会う人たちにお返ししていく番**です。

組織心理学者のアダム・グラント教授は、人には「テイカー（常に、与えるより多くを受け取ろうとする）」、「ギバー（ギブ・アンド・テイクの関係を相手の利益になるようにもっていき、受け取る以上に与えようとする）」、「マッチャー（与えることと受け取ることのバランスをとろうとする）」の3タイプがあると定義しています。

その3タイプの中で、最も成功をおさめているのが、ギバーだというデータを紹介しています。

あなたがこれから行なっていくのは、無意識に「テイク」していたことを、今度は自分から「ギブ」することです。

その輪をつなげていくことで、さらに遠い場所に行くことができるのです。

心のブレーキを外す、アドラーの教え

私たちの多くは、「人に迷惑をかけてはいけない」「人が嫌がることをしてはいけない」と、「○○してはいけない」という禁止事項を教えられて育ってきています。

それが心のブレーキとなり、「おせっかい」は日本社会から減りました。

ご近所さんへのお裾分けなんて文化は、消えたも同然です。

私がアメリカで子育てしていた頃、ベビーカーを押して買い物に行くと、必ず誰かが店のドアを開け、私たちが中に入るまで押さえてくれました。

日本に一時帰国した際、ベビーカーを担いで駅の階段を降りようとすると、周りに日本人がたくさんいる中で、唯一助けてくれたのが、アメリカ人のバックパッカーだったこともあります。

日本ではなかなか「目立つようなこと」はしにくいのかもしれません。

「自分がされて嬉しいことでも、相手にとっては迷惑なときもあるのでは？」と不安がよぎることもありますよね。

本書のノウハウのベースには、アドラー心理学の考えがあります。

その中に、「**課題の分離**」という考え方があります。

私の恩師、ヒューマン・ギルドの岩井《いわい》俊憲《としのり》先生の本から引用しましょう。

「これは、相手との関係において、相手の課題なのか、自分の課題なのかを明確にし、踏み込まない、踏み込ませないことをいいます。私たちは、この境界線を越えてしまうために、人間関係のトラブルを生じさせてしまいがちなのです。」

『人生が大きく変わるアドラー心理学入門』（かんき出版）

自分がされて嬉しいことをするのは「**自分の課題**」です。

それを受け取り、どう思うかは「**相手の課題**」です。

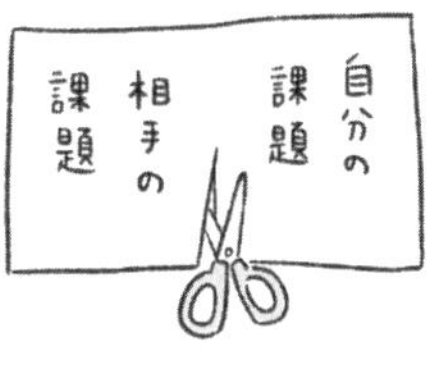

結果的には、あなたがした行為が、相手には「おせっかい」「不要」と

映ったとしても、それは**「経験」という成長機会を、1つ収穫した**だけなのです。

こうした試行錯誤は、人生において必要な成長の糧《かて》です。

むしろ、そうした人間関係の失敗を恐れる人から成長が止まるのかもしれません。

プレゼント選びは「怖いこと」か

ここで1つ例を挙げましょう。

「家族以外の誰かに『誕生日プレゼント』を贈ってください」

そう言われたら、あなたはどう感じますか。

プレゼントを贈るのが苦手な人ならば、「何を渡せば喜ばれるかな」「もらって迷惑と思われないかな」と、さまざまな思いが頭をかけめぐることでしょう。

その結果、「迷惑と思われるくらいなら、贈らないほうがいい！」という結論を出すこともあるのではないでしょうか。

でも、**何もしなければ、その人の誕生日を祝っていないのと同じ**です。

伝わらない思いは、無いのと同じことになってしまいます。

そうなるくらいなら、あなたがこれまでにもらって嬉しかったものを、躊躇なく贈ったほうがいいと思いませんか。


もし相手に必要のないものだったとしても、そこから先はもらった相手が考えること。

つまり、「**相手の課題**」なのです。

私はたまに、ワインや日本酒をいただくことがあります。しかし、お酒がまったく飲めません。

でも、そのお酒をどうするかは「**自分の課題**」です。

実際には、家族がありがたくいただいています。毎回、おいしそうにお酒を飲む家族を見ると、あたかも自分が飲んでいるような気持ちになります。

「したことへの後悔は短かい間しか続かないが、しなかったことへの後悔は長く続く」

コーネル大学の心理学教授、トーマス・ダシフ・ギロヴィッチ先生の有名な言葉です。

3500人を看取ったホスピス医の小澤竹俊《おざわたけとし》先生も、「よく現場で耳にするのは、『もう一度家族と旅行に行きたかった』という声や『もっとチャレンジすればよかった』という声です」と語っています。

ピンとこないビジネスマナーは、やらなくていい

一方で、次のような考え方も覚えておいていただきたいです。

それは、世間的に「やったほうがいい」「これがマナーだ」と言われることでも、**「自分がされて嬉しくない」のであれば、やらなくてよい**ということです。

「テンプレートのメールは、どこまで忠実にやるべきなのでしょうか？」

と、メール研修でよく相談を受けます。

「忌憚《きたん》のないご意見を賜りたく、ご教示ください」

などの硬い定型フレーズを使うかどうか迷うようなのです。

こうした型どおりのメールは、事務的に見えてしまうので、本当は書きたくない人が多いのではないでしょうか。


それならば、「書かなくていい」のです。


私自身、リクルート時代にメールは「相手から来たメールの読解」が大切だと学び、講師になった今も同じように伝えています。

もし相手から、

「すみませんが、先ほどの資料を送っていただけますか？」

というフランクな文章が来たならば、

「他にお力になれることがありましたら、遠慮なくお知らせください」

などと、同じような文体にしたほうが心地よいものです。

先ほどの相談でも、私の指導後には、「テンプレメールをやめたら、取引先からいい返事がもらえました！」というご報告をよくいただきます。

やはり、「自分がされて嬉しいかどうか」が気づかいの軸になるということです。

さて、本書では、このように気づかいの壁を乗り越えるための思考法をお教えします。

また、本書で紹介する具体的な事例は、「たったこれだけ？」と思うほど些細なことなのに、されたほうは心が動き、**仕事のチャンスに結びついたものばかり**をセレクトしています。

小さなことや、「そんなことか」とバカにしたくなることほど、**実際にできている人は少なく、効果は抜群に大きい**ものです。

あなた自身のこれまでの経験と照らし合わせて、ぜひ取り入れてみてください。

それでは、はじめましょう。

川原礼子

目次

気づかいの壁

はじめに ――「気がつくだけ」の人生を変える

序章

ちょうどいい気づかいができる、たった1つの方法

第1部 気づかいの「2つの壁」

第1章 「自分の壁」を越えるレッスン

第2章

「相手の壁」を尊重するレッスン

第2部 気づかいの「5つのコツ」

第1章 決めるハードルを下げる——「限定」のコツ

第2章 相手に心の準備をさせる ―― 「予告」のコツ

第3章

答えではなく情報を与えるスタンス
――「共有」のコツ

第4章

相手のスペースに踏み込まない
――「領土」のコツ

第5章

覚えていてくれているという安心感

――「記憶」のコツ

序章

ちょうどいい気づかいができる、たった1つの方法

本題に入る前に、私の体験談を1つお伝えしましょう。

というのも、なぜ、私が気づかいの「壁」の存在に気づけたのかを語る必要があるからです。

それは、**アメリカでのビジネスの経験が長かったこと**にあります。

「ビジネスライク」による失敗

私は、生まれてから東京で育った後、アメリカのコミュニティ大学に進学しました。

そのままアメリカで永住権を取り、カリフォルニア大学本校がある「バークレー」という街で日本食レストランを経営していました。

25歳のときには、国籍の異なる10人の年上スタッフをマネジメントすることになりました。日本と違って、母国語や国による考え方が異なる人たちと働くことが多いのがアメリカの特徴です。そこでは、合理的で、YES・NOをはっきり伝えるマネジメントが求められました。

その後、30歳をすぎて13年半ぶりに日本に戻り、企業で働きはじめました。

すると、人間関係でのトラブルが起こりました。

差し出されたお菓子を「ダイエットしているのでいりません」とストレートに断って空気を悪くしたり、飲み会では周囲のグラスが空いていることを気にかけるという発想がなくて、上司から忠告を受けたりしました。

すっかり、**アメリカのビジネスライクな対応が染みついてしまっていた**のです。

そこから徐々に日本の「建前」や「空気」の感覚を取り戻し、それらを再認識するようになっていきました。

何より、人との距離感がアメリカとは異なります。

「そうだった、日本人は、こういうことをしないんだ……」
「思ったことを直接伝えると失礼になるんだ……」

と、1つ1つの行動を再発見していく毎日でした。

もともとの私は、気づかいができる人間ではありません。

失敗のたびに先輩に相談したりマネをしたり、マナー本を読んだりしました。役職がつき、部下ができてからは、心理カウンセリングの勉強をしながら試行錯誤してきました。

そうして「はじめに」で述べたような「サービスのプロたち」からの教えに辿り着きました。

たくさん失敗をしてきた中で、「気づかい」の重要性に気づき、それを社内で伝えるようになり、今は講師として独立し、多業種の事例に触れています。

そうして、より納得感のあるように体系化させたのが、「**気づかいの壁**」というアイデアだったのです。

内向的な人にも「強み」がある

特に私が力を入れているのは、「メールライティング」です。

人前で話をするときは、どうしてもアドリブ力が試されます。事前に用意したり、戦略を立てたりがしにくいところがあります。

しかし、メールは違います。

どんなに口下手で内向的な人でも、「メール」では力を発揮できます。

だからこそ、武器にできます。

どんな人にも、その人なりの強みがあります。

心配そうな同僚を見かけたときに、すぐに動けなくても、後からフォローすることだってできます。躊躇する気持ちがあっても、「これならできる」という気づかいを少しずつ見つけていきましょう。


本書の第1部では、「気づかいの壁」についてのレッスンを紹介します。

ポイントは、自分の心の壁を越えること。

そして、相手にも心の壁があることを知り、尊重することです。

「はじめに」で述べたように、気づかいができるようになるには、

「自分がされて嬉しかった経験があるかどうか」

という軸が大事でしたよね。


これからの社会人生活では、**「されて嬉しかったこと」はリストにしておきましょう。**

1日の最後に、その日あったことを振り返り、嬉しかったことをメモしておきます。

それを毎日積み重ねれば、「**あなたがこれからやるべきリスト**」に変わります。それを定期的に見返すことで、あなたの心の壁はどんどん低くなっていくと思います。

ぜひ、今日からやってみてください。

ストレスが「軽減されたとき」の裏側

ただ、今すぐに「されて嬉しかったこと」を思いつけるわけではないかもしれません。

そのために、1つの考え方があります。それが、

「人がストレスを感じる瞬間はなんだろう？」

という判断軸です。

たとえば、あなたは、どういうときにストレスを感じますか。

「返さないといけないメールが溜まっているとき」

「部下に仕事を振る前の、断られないかが不安になるとき」

など、たくさんあると思います。そして、**そのストレスが減ったとき、おそらく嬉しい気持ちや安心感が芽生える**と思います。

一緒に仕事をして気持ちよかった人というのは、こうしたストレスになることが少なかったのでしょう。

「依頼したことを快く引き受けてくれた」

「スムーズに会議が進行された」

など、あなたにとってストレスになることが軽減されている裏側に、その人からの「気づかい」が隠れています。

そこを掘り下げてみると、人からの「気づかい」に気づけるかもしれません。

そして、それをあなた自身の仕事に取り入れてみるのです。

人のストレスをなくす「5つのキーワード」

本書の第2部では、私自身の経験に限らず、これまで2万人を指導してきた中で集めてきた、

「この気づかいは嬉しかった」

「仕事への意識が180度変わった」

という「気づかいの例」を紹介します。

いずれも、多くのビジネスパーソンができていない絶妙な例を厳選しました。

それらに通底する重要なポイントこそが、

「人がストレスを感じる瞬間を押さえておく」

という視点です。

それを、「限定」「予告」「共有」「領土」「記憶」という5つのキーワードごとに整理しました。簡単に紹介すると、

- **何かを決めないといけないときのストレス**
- **急に何かを振られるときのストレス**
- **正論を押し付けられるときのストレス**
- **自分のスペースに踏み込まれるときのストレス**
- **孤独を感じるときのストレス**

という5つです。

これらのストレスがなくなった瞬間に人は、**「居心地の良さ」**を感じたり、**「この人がいてありがたい」という気持ちが芽生えたりします**。

それにより、働きやすい職場や信頼される上司・部下の人間関係、お客さまからの好印象などが得られます。

本書の「はじめに」で述べた例を思い出してください。

「アメリカの友人がワオ！と驚いたテープの端」
「『いいですよ』に『もちろん』を加える部下の一言」
「返信しやすい短いメール」

いずれも、相手にとってのストレスを減らす「気づかい」が隠れています。

完璧ではなく「60点」を目指す

さて、こうした5つのストレスを徹底的に減らすプロが、サービス業の従事者です。

- **コース料理や本日のおすすめなど、「限定メニューを用意するレストラン」**
- **朝夕の食事時刻などを知らせ、「予告してくれる旅館」**
- **食料品の保存方法までを「共有してくれるデパ地下の対面販売」**
- **つかず離れずのちょうどいい距離で「お客さまの領土を守る接客の店員さん」**
- **お客さまの好みや会話内容までを「カルテに記録しているヘアサロン」**

彼らは、これらを本業として取り組んでいます。

もちろん、普通のビジネスパーソンにとっては、そこまでの気づかいは必要ではありません。

「サービスのプロ」が求められるレベルが100点レベルの気づかいであるならば、一般のビジネスパーソンは「60点」くらいで十分です。

自分の仕事が落ち着いたタイミングや、余裕があるとき、「ここぞ」というときに、ちゃんと相手に気配りができれば、合格点です。

私が顧客対応担当者向けに行なう対応評価表でも、新人さんの合格点を「60点」に設定しています。

これは、「**お客さまから苦情にはならない程度**」が目安になっています。

そこから、徐々に気づかいを重ねて、70点、80点へとステップアップしていきましょう。

それに、たとえば隣の席の人から、毎日のように100点満点の気づかいをされると、それはそれで、されるほうは気疲れします。

するほうもされるほうも疲弊してしまっては元も子もありません。

一般の人がする日常の気づかいは、60点レベルでいいのです。

逆に、**たった60点だけでも、「できない人」と比べると圧倒的な差が生まれます。**

それくらい、あいさつレベルの簡単なことが、多くの人にとってできていないのです。

超一流の気配りは不要です。

早速、今日から、できることを1つずつ増やしていきましょう。

第1部

気づかいの「2つの壁」

第 1 章

「自分の壁」を越えるレッスン

本章では、まず何より大事になる「マインドセット」を紹介します。

本書のすべての方法論の根底に必要になる考え方です。

何度もここに立ち戻って、あなた自身の考え方を完全にアップデートさせましょう。


また、気づかいにおけるハードルを感じるのは、圧倒的に、

「声がけの瞬間」

であることが多いです。

しかし、**みんなにとって難しいことは、逆に言えば効果も絶大だ**ということです。

かつて、私の知る勇敢な営業の方は、

「今から、50回断られ続けている企業に出かけて、51回目の『要りません』をもらってきます」

と告げて、外出していきました。

断られることも仕事のうちと心得る、強靱なハートの持ち主です。

ただ、**そこまでのメンタルは必要ありません**。

もっとハードルは低くて大丈夫です。

特に、論理的・効率的に仕事をこなしてきた人にとっては、この一歩が重要になります。人と差をつけるチャンスでもあります。

ぜひ、「なんだこんなことか」と斜に構えずに、取り組んでみましょう。

見返りを求めるクセを取り除く

目先の損得を考えない人って、
素敵ですよね。

「やってるアピール」では意味がない

「自分の心の壁」を越えるために、必要なマインドセットがあります。

それは、

「**人が見ていなくてもやる**」

ということです。

世の中、「人が見ていないと意味がない」「見られているときだけアピールすればいい」という考えが蔓延《まんえん》しています。

たしかに、戦略的には正しいのかもしれません。


しかし、いざというときに壁を越えるためには、それでは不十分です。

日頃から誰かが見ていなくても、

「自分がされて嬉しかったことをやる」

ということをクセづけるようにし、コスパ重視の考え方から抜け出さないといけません。

たとえば、次のような行動をしているでしょうか。

- 席を立つとき、デスクにイスを戻している
- 会議室を出るとき、テーブルに飲み物の水滴が残っていないか確認している
- ホワイトボードのインクが切れていたら、新しいものと交換している
- シュレッダーの満杯ランプが点灯していたら袋を交換している

いずれも、あなたの意思だけでできることです。

それなのに、「誰かが見てくれていないと意味がない」「やった人が損だ」といって、目先の損得でしか行動できない人がいます。

その発想を捨てることから、気づかいははじまります。

「自分のルール」を守れる人になる

「まあいいか」という気持ちは、とっさの行動に表れます。

誰も見ていない赤信号を車でわたるようなもの。いずれ、事故が起こってしまいます。

やった人が
損だよな…
どうせ、誰も
見てないしな…

▶ 見返りを求めずに、すぐにやろう

信仰心の強い国では、「神さまが見ている」という感覚が強いため、モラルが働くといいます。

一方で、日本ではキリスト教圏のような信仰心が薄いため、自分でルールを決めて、それを徹底しているかどうかが個人で試されます。

自分で自分にルールを課して、一度決めたらやり抜く。

誰も見ていなくてもやる。

そういう行動を続けていき、自分でも当たり前になった頃に、誰かが見てくれているものです。

その順番を間違えないようにしましょう。

出社して目が合ったら自分から声がけ

目を逸らさずに、
ニコッと微笑みましょう。

職場に「誰がいたか」を思い出せるか

人と会う機会が減ったり、立場が偉くなったりすると、

「以前より声をかけるのが照れくさくなった」

ということを感じないでしょうか。

職場では隣の人に「おはようございます」と言ったきり、**同じフロアなのにチャットやメールでのやりとりしかせず、声を発することがない**ようなときがありませんか。

でも、先輩や同僚から話しかけられたときのことを思い出してみてください。

仕事の途中でも意外と嬉しくて、つい話が弾んだりしますよね。

だったら、「自分がされて嬉しいかどうか」を軸にして、話しかける機会を増やしてみましょう。

おすすめは、**出社したら、「誰がいるのか」を把握すること**です。

別に、1人1人、全員にあいさつをしたり、話しかけたりする必要はありません。

誰がいるのか1人1人を確認していると、相手もこちらを見て目が合ったり、すれ違っ

たりしますよね。そんなときに「あいさつ」をすれば違和感がありません。

鈍感な人は、自分の席に着いたら目の前の仕事に没頭して、職場に誰がいたのかすら思い出せなかったりします。そうなってしまうのは避けたいですよね。

「会話の語彙」を増やすために

普段から会話の回数を増やしておかないと、いざというときに困ります。

営業職向けにロールプレイング研修を行なうと、**年々、参加者の「ボキャブラリー」が減っていると感じます**。言葉のバリエーションが少ないのです。

「サポートも充実していますのでご安心いただければと思います。それから途中でプラン変更もできますのでご安心いただければと思います」

というように、「安心」という言葉ばかりを繰り返すようなイメージです。あまりに同じ言葉を連発されると、「別に心配してないんですけど……」とつっこみたくなります。

忙しそうだけど
大丈夫かな？
あの人、
休み明けだ！
今日は誰が
いるだろう？

▶ まわりを見て、自分から声をかけよう

やはり、**普段から口にしているようなことが、ビジネスの大事な場でも出てくる**のでしょう。だから、自分の心の壁を越えて、できるだけ話をする機会を増やしましょう。

朝だったら、「おはよう」の後に、「週末ゆっくり過ごせた？」と質問するのもありです。「さっきの資料、表紙の日付が抜けていたよ」程度のことなら、**チャットで伝えるより直接言われたほうが嫌みもありません。**

声をかけるときの心の壁を越えるためには、「タイムカードを押すことが出社なのではなく、誰かと言葉を交わしてから出社だ」と考えてもいいくらいです。

自分から話すきっかけを増やすように行動してみましょう。

「すみません」と言いそうになったら「ありがとう」に替える

申し訳なくしすぎると、
逆に空気が悪くなります。

「場の空気を変える人」の共通点

大人数に向かって話しかけるときは、つい恐縮してしまいますよね。

社歴が長くなってくると、向き不向きにかかわらず与えられる役割の1つに、会議の進行役やファシリテーターがあります。

会議の冒頭は、ドキドキする最初の関門です。1人が一言を必ず発する「アイスブレイクタイム」を設ける手もありますが、人数が多い会議では難しいですよね。

静まり返った会議室でスタートを切るとき、何か気の利いたことが言えないかと、悩むのではないでしょうか。

「静まり返った空気を瞬時に変える」という達人たちを観察すると、ある共通のルールが見出せます。

それは**「ありがとう」の頻度が高くなる**ということです。

「え、そんなことで?」と思うかもしれませんが、試しにこれを「すみません」に置き換えてみると、その差がわかります。

どうぞ、声に出して読んでみてください。

「今から月例会議をはじめます。
みなさん、お忙しい中、朝から集まっていただき、**すみません**」
「〇〇さん、お休みから復帰されましたね。
たいへんな中、参加していただいて**すみません**」……

これではまるで、**自分が悪いことをしていたり、相手が迷惑に思っていることが前提になっていたりする**ように聞こえます。
でも、内向的な人は本当に「すみません」の回数が多いのですよね。

「すみません」を打ち消そう

ちょうどいい気づかいをするためには、「すみません」を「ありがとう」に替えるだけでいいのです。これだけで、ガラッと印象が変わります。

お忙しいのに、
すみません
お忙しい中、
ありがとうございます

▶ 申し訳ないときは、感謝に替えよう

上の図の例を読み上げてみると、空気がプラスに変わるのを感じると思います。

この場面に限らず、日本人は「すみません」を使う回数が多すぎます。

多くのシチュエーションで「すみません」は「ありがとう」に置き換えることができます。であれば、意識して「ありがとう」のほうを多用しましょう。

口グセで「すみません」が出た後でも、「ありがとう」を付け足して打ち消すようにしてみてください。

それだけで簡単に好印象に変わります。

相手の「名前」をやや多いくらい呼びかける

自分の名前を呼びかけられて、
嫌な気になる人なんていません。

「最初の15秒」に話すこと

ビジネスシーンでは、何を話せばいいかを迷い、「**沈黙が流れる瞬間**」があります。

たとえば、会議がはじまる前を考えてみましょう。

進行担当が会議室を開け、参加者がパラパラと入室してくるあたりです。

シーンと静まり返って、進行担当の視線が共有資料や参加者の入室状況確認に向けられている、あの時間。

間が持たなくて苦手な人が多いと思います。

他にも、「電話営業の最初のトーク」や「名刺交換をした後の数秒」もそうです。


人の印象は、最初の15秒で決まると言われています。

特に、電話営業では、つながってからの15秒が最初の関門で、いかに「この人だったら少し話を聞いてみよう」という気持ちになってもらうかが重要です。

まさにこのタイミングが、気づかいの壁を越える瞬間です。

この15秒を制するには、どうすればいいのでしょうか。

自分に「刷り込む」ように名前を呼ぶ

「ネームコーリング効果」という言葉を聞いたことはあるでしょうか。

その名のとおり、相手の名前を呼ぶことです。

「おはようございます」より「**〇〇さん、おはようございます**」と、自分の名前を呼んでもらったほうが親近感がわいて、グッと距離が縮まったような気持ちがします。

初参加の人ならば、「はじめまして」のあいさつをするキッカケにもなりますし、私の経験では、相手の名前を呼びかけると、相手からも「川原さん、おはようございます」と返ってきます。

初対面で名刺交換をした後もそうです。

意識して、相手の名前を何回か口にするくらいでちょうどいいのです。

左の図のように、相手の名前を確かめるように会話をするようにしてみましょう。

名刺交換をして、少し時間が経ってしまったのに、手元の名刺を見返しながら、「えー

○○さんの部署は、
何人いらっしゃるんですか？
○○さん、
いまお忙しいですか？
○○さん、
ご出身は？

▶ 相手の名前を、どんどん口に出そう

っと、〇〇さんは……」と会話をつなぐような人がいます。

それでは遅いのです。最初の段階で名前を何度も繰り返し、後々、相手の顔を見るだけでスッと名前が出てくるようにすると好印象です。

特に、相手が「若い人」であれば、名前を呼ばれることは嬉しいものです。喜んでいるようには見えなくても、心の中では自尊心が高まります。

「相手の名前は、自分が覚えるために、やや多めに呼ぶくらいで、ちょうどいい」。そう考えると、自分の心の壁を越えられると思います。

外からの「訪問者」に声をかける

その気づかいは、個人だけでなく
あなたの会社の印象につながります。

「自分の不安」を思い出そう

初めて訪れた場所で、入り口や受付の場所がわからなくてウロウロしたことがないでしょうか。約束の時間にギリギリなら、なおさら不安になりますよね。

そんなとき、すれ違う人に、「どちらか、お訪ねですか？」と声をかけてもらえると、本当にありがたいものです。

そういう、**「自分が不安になったことのある経験」**には、気づかいの壁を越えるチャンスが潜んでいます。

受付エリアで担当者を待っていると、**「どうぞ、おかけになってお待ちください」**と、通りすがりの社員さんに声をかけてもらえるような企業があります。

訪問者への「気づかい」が、組織風土になっているのがわかります。

声をかけられると嬉しいのに、逆の立場になると、

「まあ、言わなくてもわかるでしょ」

「誰か気づいた人が声をかけるでしょ」

と、決めつけてしまうから不思議なものです。

「さりげなく確認する」という態度

お客さまには、「潜在客→見込み客→お客→顧客→得意客→贔屓《ひいき》客」という階段があります。目の前の来訪者は取引先であるだけでなく、自社商品・サービスを利用する潜在客かもしれません。

消費者として商品・サービスを選ぶとき、

「せっかくだから、いつもよくしてもらっている、あの会社を選ぼう」

と思うのが、人の常だと思うのです。

自分の心の壁を越えて、左の図のように声をかけてみてください。

躊躇なく声をかけるときのコツは、「いいことをしてやっている」という気持ちではなく、**「相手の状況を知ろう」と、さりげなく確認する態度でいる**ことです。

感謝されなくてもいいし、たとえおせっかいだったとしてもいいのです。

お話をうかがっていますか？
どちらをお訪ねですか？
お約束のあるお客さまですか？

▶ 確認をするような態度で、十分

64ページで述べたように、見返りを求めないマインドセットが重要です。

さらに1つ加えると、あなたが取引先を訪問した際に、「ご用件をうかがっていますか？」と声をかけられたら、**「あ、大丈夫です」などと、サラッと断らないことです。**

相手も、心の壁を越えて話しかけてくれたのです。

「はい、商品企画部の○○様をお待ちしているところです。ありがとうございます」と、**感謝の言葉を伝えられると完璧**です。

つい慌ててしまうような場面でも、余裕を持って返せるようになれると、とても素敵ですよね。

第2章

「相手の壁」を尊重するレッスン

自分の心の壁を越える感覚がつかめたら、次は、相手の壁を意識するレッスンです。

たまの出社日に先輩社員から声をかけられて嬉しく思っても、その話が延々と続いたとしたら、早く仕事にとりかかりたいことを**「察してよ」**と思いますよね。

引き際を知らず、やりすぎて、人の領域に踏み込んでいる例です。


自分に心の壁があるように、相手にとっても心の壁はあります。

その当たり前のことを、つい忘れてしまいます。

そして、気づかないうちに、相手が壁を感じてしまっていることがあります。

第1章の自分の壁を越えることが**「アクセル」**であるとしたら、相手の壁を尊重するのは**「ブレーキ」**の役割です。

「話しかけてこない相手が悪い」と決めつけるのではなく、自分を省みる。

「はじめに」で述べた**「課題の分離」**ですね。

つねに自分を主体に、ちょうどいい気づかいができるようになりましょう。

「乱暴な言葉」を言い換える

お客さまや商品のことは、
ウラでも丁寧に扱いましょう。

言われた相手が「モヤモヤする言葉」

あなたは、人と距離を縮めようとするとき、**あえて乱暴な言葉を使うこと**がないでしょうか。

これは、ある和食屋さんにランチに入ったときのことです。

店内はほぼ満席で、私たちを見るなり、スタッフさん同士で、「奥に入《い》れる?」と裏で話す声が聞こえてきました。

その後、ランチを食べられたのですが、私のモヤモヤは消えません。

このように、仕事に慣れてくると、つい無意識に乱暴な言葉を使ってしまうことがあります。

「一本、お客さんにメール**投げといて**」

「この苦情、そっちで**処理しといてよ**」

「大事な商談だから**爪痕を残してこ**いよ」

このような言い方は、言っている側は勢いにノッているのかもしれませんが、言われたほうはモヤモヤしてしまいます。

特に男性に多いと思いますが、**乱暴なほうがカッコいいと勘違いしてしまう**のかもしれません。

言葉づかいの「ウラ」をなくそう

先ほどのモヤモヤの共通点は、

「**人をモノ扱いしている**」

ということにあります。

これを日常的に使っていると、傲慢《ごうまん》な態度がつい出てしまいます。

お客さまや商品のことを裏で悪く言うと、社内外の人にどう伝わるか、どう捉えられるかわかりません。悪口や陰口に必ずしもみんなが同調するとは限らないのと同じです。

そうかといって、相手の気持ちに敏感になりすぎると、言葉が回りくどくなってしまい

▶ 乱暴な言葉を、なくそう

ます。

同僚に通常の業務を依頼するときに、

「ちょっとお願いがあって、無理だったら断ってくれていいんだけど……」

「仕事を増やすようで本当に申し訳ないのだけれど……」

と、丁重にお願いしすぎると、相手はあなたに距離を感じます。

すべての言葉を丁寧にする必要はありませんが、**「お客さま」「商品」「取引先」などに関することは、ちゃんと日頃から尊重する**ようにしましょう。大事なことを裏表なく丁寧に扱っている人は、とても好印象ですよ。

自分の行動に「やっつけ言葉」をつけない

堂々と伝えることが、
相手の安心につながります。

言い訳に聞こえる「ある言葉」

私は営業研修の一環で、電話対応の実音声をモニタリングすることがあります。

相手の話をどこまで聞いているか、相手にとってわかりやすい説明をしているかどうかをチェックしています。

その中で気になるのが、あたかも「やっつけ仕事」のように聞こえる言葉です。

例を挙げるので、ぜひ声に出して読んでみてください。


「**一応**、入庫前には検品しております」

「**とりあえず**、資料を送ります」

「**ひとまず**、お見積もりをお送りします」


特に、内向的な人に多いのが、謙虚さによる言葉づかいなのですが、自信のなさが表れてしまい、地味に相手を不快にさせます。

こうした言葉は、1回くらい出てきても気になりませんが、何度も繰り返されるうちに、ジワジワと相手を不快にさせていきます。

「一応」レベルでしか検品されていない品物なんて信用できないですし、「とりあえず」「ひとまず」も、本来の納品までの時間稼ぎのように聞こえないでしょうか。


これらの言葉は、どうしても「言い訳している」ように聞こえます。

言われた相手は、突き放されている感じや、対立している感じを抱きます。

「言っていることは正しいのに、なぜか嫌な気がする」というときの正体は、こういう言葉づかいであることが多いのです。

それが、**相手にとって「壁」を感じさせてしまう**んですよね。

「言い切り」がちょうどいい距離感

言い訳っぽく聞こえる言葉は、スパッと取り外しましょう。

「入庫前に検品しています」

「資料を送ります」

いちおう、資料を
お送りします
資料を
お送りします

▶ 言い切ってくれると、安心する

「お見積もりをお送りします」

と、**自分の行動に関することは言い切る**のです。

あなたがやることなのだから、あなた自身が堂々と伝えればいい。言われる側に立ってみると、やっつけ言葉がいかに不必要かということがわかります。

まずは、口グセになっていることを自覚しましょう。

「やっつけ言葉」を減らせば減らすほど、あなた自身の印象が変わり、相手からの態度もよくなります。

たった一言でも気を配って、相手に「距離を感じさせる言葉」を使わないことです。

鏡を見て「話しかけるなオーラ」を取り除く

「話しかけないほうが悪い！」って、
かなり間違っていますよね。

上司と部下のすれ違い

「なぜ、もっと早く相談してこなかったのか……」

あなたが上司の立場なら、そんな不満を持つことはないでしょうか。あるいは、あなたが若手だった頃は、なかなか上司に相談ができなかったということがあるかもしれません。

その理由は、

「忙しそうでタイミングが遅れたから……」

「そんなこともわからないのかと叱られそうだから……」

という心理的なものが多いです。

どうやら人は、**自分が思っている以上に「話しかけるなオーラ」を出しているよう**です。

「上司に難しい相談を持ち掛けるときは、１日の予定表を見て機嫌の良さそうなタイミングを探している」という、部下の鑑《かがみ》のような人もいます。

それも処世術かもしれませんが、あまり意味のある能力ではありませんし、他のことに力を注いだほうがいいでしょう。

「不機嫌」は事前にブロックしよう

やはり、上司の側が話しかけやすい雰囲気を作ることが大事です。

不機嫌な顔をしない方法は簡単です。

デスクに鏡を置いてください。「話しかけるなオーラ」が出ているときは、たいがい険しい表情をしています。

鏡を置くと、チラッと見るだけで、自分の表情に気づけます。

あるリーダーは、自分が思っているよりも、仕事中に眉間のシワが深くなっていることに気づきました。それをきっかけに、自分の視力が低下していたことがわかり、メガネを作り替えたら表情が柔らかくなったそうです。

これは何も、「常に笑顔でいろ」という意味ではありません。

真剣に仕事しているときに、たまにふと、表情をゆるめることを思い出して取り入れてほしいだけです。

また、**体調が悪い日や、納期の直前でゆとりがないときなどは、その時間帯を周囲に伝**

▶ 自分で思っているより、オーラは出ている

えておくのがおすすめです。

「この日は1日中、手が離せないので、何かあればメールをください。あとで必ず返事します」と伝えておけば、部下からも気軽にメールを送ることができます。

自分が不機嫌に見えてしまうときは、あらかじめブロックしましょう。それによって、あなたに対する相手からの心の壁がグッと低くなります。

「画面越し」でも自分の顔を見る

続いて、特に相談が増えている「オンライン会議」の例を紹介しましょう。

会議やプレゼンでは、発言の中身を磨くの

は当然です。

しかし、ここでも相手からの「見え方」は重要な要素です。

オンラインで目立つのは、照明不足や逆光で**「顔が暗く映っている」**という参加者です。どんなに立派なことを話していても、表情が見えない相手では、なかなか信頼することができません。

それに、「顔が見えにくい」という状態では、相手の集中も妨げられます。

できれば、オンライン用のライトを用意しましょう。あるいは、**照明がよく当たる場所や日光の入る窓の近くに移動するだけ**でも、断然、顔が見えて効果抜群です。

基本は「顔出し」で臨む

顔が見えるだけでなく、「表情」や「あいづち」「拍手のジェスチャー」などで「参加していること」が視覚で伝えられると、相手は安心します。

ただし、動きがあまりにオーバーリアクションだと、画面の中がうるさくなります。

ある講演家の先生は、

「大きくうなずいている人は、登壇者に『聞いているアピール』をしていることも多い。そして、確認してみると、さほど内容を聞いていない……」

と嘆いていました。

うなずくことが「目的」になってしまわないようにしましょう。


オンライン会議でのカメラオンでの「顔出し」は、評価が分かれるかもしれません。

企業によっては動作が重くなるからＮＧというところもありますが、選べるのであれば、「自分がされたらどうか」で行動しましょう。

私なら顔が見えたほうがいいので、迷わず「カメラオン」で参加します。あなたもその考えならば、自分から進んで「顔出し」をしていきましょう。

相談に来た人に、「イス」を差し出す

周りから見ると、
偉そうに見えているかもしれませんよ。

「自分だけが立っている」という違和感

上司に呼ばれて、立ちっぱなしで長話をした。

そんな経験は誰もがしたことがあるでしょう。

そうでなくても、同僚にちょっと相談に行っても、一方は座っていて、もう一方は立ったままという状況になりがちです。

「これは長くなりそうだな」

というときに、サラッと、

「座って話そうか」

「そこのイス、座りなよ」

と声をかけられると、とても嬉しい気持ちになります。

立っている本人が気にしていなくても、**周りから見ると、自分が相手を立たせているようにも見えます**。

自分だけが座っている状況を察して、さりげなくイスを勧められると素敵ですよね。

相談に来た「相手の心の壁」を尊重する

ぜひ、後輩や同僚があなたのもとに相談に訪れたら、近くのイスを差し出してください。**同じ目の高さは、相手に安心感を与えます**。

「いまこの瞬間はあなたの話に集中しています」という、聞く姿勢を伝えることにもつながります。

もしかすると、締め切り直前の仕事を抱えていたりして、すぐに相談に乗れないこともあるでしょう。

そんなときは、

「10分待ってもらえる？　後で声をかけるから」

「いま5分くらいなら時間があるけど、それでいい？」

と伝えましょう。

そして相談を受けるときは、お互いにとって準備が整った状態にします。

おそらく、**相談してきた人も、タイミングを見計らったり、言葉を選んだりして、自分の心の壁を越えてきたはず**です。その思いを考えれば、「立たせたまま話を聞く」「忙しい

▶ アドバイスより先に、イスを差し出そう

からと断る」なんて対応はできないでしょう。

また、アドバイスをするときも、やりすぎないことです。

嬉しいあまり、知識のお披露目大会になってしまうのは避けましょう。

相手は簡単な助言をもらいたかっただけなのに、滅多に起きない仮定の話にまで話を広げ、相手を疲れさせていないでしょうか。

詳しくは後半で紹介しますが、フィードバックもアドバイスも、「短く」が鉄則です。いざとなったら気軽に相談に乗ってくれる先輩がいてくれるから、若手はのびのび仕事ができるのです。

目的地には「15分前」に着いておく

ちょっと早く着いただけでも、
心の余裕がぜんぜん違います。

「時間ギリギリ」は、もうやめよう

「身だしなみが大事です」というアドバイスがよく言われます。

これほど、今さら言うまでもないことはありません。

とはいえ、日頃から気をつけている人でも、うっかりできていない瞬間があります。

それが、「**お客さまを訪問するとき**」です。

一般的なビジネスマナーでは、約束の時間の5分前に目的地に到着しておきましょう、ということが言われます。

しかし、それを目指してしまうと、ちょっとしたトラブルが起きただけで、時間ギリギリになってしまいます。

ギリギリに到着したことは、相手に確実に伝わります。

なぜなら、**夏であればすぐには汗が止まりませんし、走れば息が切れているでしょうし、自分が思っている以上に、髪や服装は乱れているからです**。

どんなにキャリアを重ねていても、こうなってしまう人が後を絶ちません。急いで来たことがアピールになる、と勘違いしている鈍感な人すらいます。

「相手に気をつかわせる」のは最大の失敗

あなたが相手を迎える立場ならば、「汗だくで必死に到着した人」と、「身だしなみが整って落ち着いた人」とでは、どちらに安心して仕事を任せられるでしょうか。

明らかに後者ですよね。

だったら、訪問する際は、目的地に「15分前」に到着するようにしましょう。**近くの駅やコンビニなどの化粧室で、自分の姿を一度確認できるくらいの時間をつくる**のです。

以前に、何度か営業の方に同行したことがあるのですが、**できる営業の人ほど、必ず整った身だしなみで現れました。**

身だしなみが整っていることが、相手に「安心感」を与えることを知っているのですね。

逆に、もし慌てて到着したら、どんなことになるでしょう。

▶ 汗はアピールにならない

「何か冷たい飲み物をお持ちしますね」
「エアコンの温度、下げておきますね」
などと、**相手に気をつかわせることになってしまいます。**

これでは、相手の「心の壁」は高いままです。

自然と商談や打ち合わせに入れるように、落ち着いて話せる「15分前の到着」と「身だしなみチェック」を欠かさないようにしましょう。

「返信しやすいよう」にメールを書く

返信されるかどうかは、
あなたの気づかいの有無で決まります。

「質問」を見やすくしよう

相手を尊重できているかどうかは、相手の時間のことまで考えられているかどうかに出ます。

特に、**「メールの文面」に、気づかいの有無は表れます。**

よく聞く悩みに、「メールでいくつかの質問をしているのに、一部にしか回答がもらえない」というものがあります。

鈍感な人は、つい「ちゃんと読んでいない相手が悪い」と決めつけてしまうのですが、そうではありません。相手が１００％悪いと決めつけるのではなく、送る側の気づかいが欠けていないかを考えてみましょう。

たとえば、あなたが電話で問い合わせたレストランから、こんなメールが届いたらどう思いますか。

「お手数ですが、いま一度、ご来店の希望日時、人数、お子様の人数、ご利用の目的をご記入いただき、3月15日（火）までにお知らせください。」

いかがでしょうか。

一読しただけで、すべてを一気に回答できるでしょうか。私なら、どれか1つは確実に書き忘れるでしょう。

回答漏れがあるとメールの往復回数が増え、お互いの負担になります。

「つい返事したくなるメール」とは？

そこで、左のメールのような**「箇条書き」が効果的**です。

箇条書きには、回答漏れを防ぐ効果があります。

こんなメールが来たら、1つずつ空白を埋めたくなると思います。そうやって、**相手の負担をなくすことで、返事へのハードルが下がる**のです。

これも、相手の壁を尊重する例ですね。

また、（カッコ）に例を入れておくと、相手はそれに倣《なら》えるので、そこまで補足すると完璧です。

いいメール

お手数ですが、以下の3点についてご回答ください。

1.　ご来店日時：　　月　　日（　曜日）
2.　ご人数　　：　　大人　　名
（小学生未満のお子様は、別途、子ども○名とお知らせください）
3.　ご利用目的：（お誕生日など）

※3月15日（火）18時までにご返信をお願いいたします。

▶ 埋めるだけで、返信ができるように書く

ちなみに、強調したいところに「赤い文字」を使うのは、NGです。

締め切りの日や禁止事項は、つい赤くしてしまいがちですが、**受け取ったほうは「突き放された感じ」がする**ものです。

ビジネスライクになりがちなメールの文面でも、「自分がされて嬉しいかどうか」を軸に、気づかいの壁をお互いに越えられるようなものにしましょう。

＊

さて、第1部の「自分の壁を越えるレッスン」「相手の壁を尊重するレッスン」は以上です。

「なんだ、この程度か」と思いつつも、「こんな簡単なことでもできていなかったな……」と、ドキッとされたかもしれません。**逆に考えると、これだけで十分なのです。**

ここまでの内容を踏まえて、第2部では、さらに5つの気づかいのコツをお伝えします。

あなたの行動を1つ1つ納得しながら変えていきましょう。

第2部

気づかいの「5つのコツ」

第1章

決めるハードルを下げる
――「限定」のコツ

決めることのストレスから相手を解放する気づかいが「限定」です。

私たちは、朝起きてから眠るまでの間、決断の連続です。

「決断疲れ」という言葉もあります。

100もあるランチメニューより、3つの日替わり定食から1つ選ぶほうがラクです。打ち合わせ日時の候補をもらうときも、3つくらいに限定されていたほうが、考える時間が短くて済みます。

後輩や部下に何かを伝えるときも、限定すると相手に迷うというストレスをかけません。

たとえば、正解がわからなくて相談したのに、上司や先輩から「それもいいかもしれないね」と言われると、他によりよい選択肢があるように聞こえます。

ほしいのは、**「それです」**という言い切りです。

特に最近、若い層に「出世したくない」という人が増えていますが、**「責任が重くなる」「パワハラと思われたくない」**と、断言を避け、指示や意見の語尾をあいまいにする人が増加していることと無関係ではないと思います。

しかし、**ハッキリと「限定」できる人に、信頼はついてきます。**

あえて「限定する」という気づかいを覚えておきましょう。

限定

1

質疑応答の「ハードルを下げる」一言をいう

質問が出てこない「嫌な沈黙」を
あなたの一言で変えましょう。

「質問はありますか？」の壁

人がビジネスシーンでストレスを感じる瞬間に、「質問タイム」があります。

社歴が長くなってくると、会議や勉強会の運営側につくことも増えてきます。

そういった会の最後に必ず登場するのが、質疑応答です。

私も研修の合間に、「質問はありませんか？」と、何度も呼びかけます。その反応は、会社や部門、年齢層によってさまざまです。


一般的に日本人は、**人前で質問することが苦手**と言われています。

大学の授業でも、質問するのは留学生ばかりだそうです。私もアメリカに留学した当初、どの授業でも学生たちがつぎつぎと手を挙げる様子に驚きました。


ただ、研修を日々行ないながら感じるのは、質疑応答のときには手を挙げなくても、「**隠れ質問希望者**」が結構な数いるということです。

研修終了後に、「ちょっといいですか？」と聞きに来る人が毎回います。

どうして人前で質問しないのかと聞けば、

「**レベルの低い質問だと思われるかもしれないので……**」

「**出しゃばりと思われて恥ずかしいから……**」

という答えが返ってきます。


たしかに、質問ができないときに自分の心の壁を感じることもあるでしょう。

それなのに、いざ自分が進行役になると、「**なんでもいいから質問してほしい**」と思ってしまいます。

質問が出てこないとなんとかしなくちゃと焦り、「では、もし後で質問があったらメールをください」と、早々に終了させることも多いでしょう。

「指名する」より「うまく促す」

そんなときの気づかいが、質問を限定することです。

「では、『**今さら聞けないんだけど**』ということはありますか？」
「じつはこの後、『**ググってみよう**』と思っていることはありませんか？」

というように限定すると、参加者は質問がしやすくなります。
1人が質問しはじめると、他の人からも手が挙がるようになります。

「どんなご質問にもお答えしますよ」「遠慮はいりませんよ、いかがですか？」などと、繰り返し呼びかける人を見かけます。

それでも質問が出てこないと、**「それでは、○○さん、何か質問ありませんか」と無茶ぶりの指名**をして、相手の心の壁を乗り越える人がいます。

自分がされて嬉しいことでないならば、やらないことです。

参加者のハードルを下げる限定の質問をすれば、もう手が挙がらなくて慌てることはありません。

会議やちょっとした打ち合わせなどでも試してみましょう。

限定のコツ

「大丈夫？」以外の声がけをする

「大丈夫じゃありません」とは、
簡単に言えるものではありません。

①本書をお買い上げいただいた理由は？
（新聞や雑誌で知って・タイトルにひかれて・著者や内容に興味がある　など）

②本書についての感想、ご意見などをお聞かせください
（よかったところ、悪かったところ・タイトル・著者・カバーデザイン・価格　など）

③本書のなかで一番よかったところ、心に残ったひと言など

④最近読んで、よかった本・雑誌・記事・HPなどを教えてください

⑤「こんな本があったら絶対に買う」というものがありましたら（解決したい悩みや、解消したい問題など）

⑥あなたのご意見・ご感想を、広告などの書籍のPRに使用してもよろしいですか？

1　可　　　2　不可

※ご協力ありがとうございました。

郵便はがき

料金受取人払郵便

渋谷局承認

2087

差出有効期間
2025年12月
31日まで
※切手を貼らずに
お出しください

150-8790

130

〈受取人〉
東京都渋谷区
神宮前 6-12-17
株式会社ダイヤモンド社
「愛読者クラブ」行

本書をご購入くださり、誠にありがとうございます。
今後の企画の参考とさせていただきますので、表裏面の項目について選択・ご記入いただければ幸いです。

ご感想等はウェブでも受付中です（抽選で書籍プレゼントあり）▶

年齢	（　　　）歳	性別	男性 ／ 女性 ／ その他
お住まいの地域	（　　　）都道府県　（　　　）市区町村		
職業	会社員　経営者　公務員　教員・研究者　学生　主婦 自営業　無職　その他（　　　）		
業種	製造　インフラ関連　金融・保険　不動産・ゼネコン　商社・卸売 小売・外食・サービス　運輸　情報通信　マスコミ　教育 医療・福祉　公務　その他（　　　）		

意味のある声がけ、意味のない声がけ

職場では、お互いの声がけが必要だと言われます。

職業柄、離職率に悩む企業から相談を受けることがあります。

新人には研修を充実させて、その後、1人ずつ教育担当もつけて、こまめに声がけもしながら育てているのに、やっと一人前になったところで退職願が出ることがあるそうです。

おそらく、声がけも「すればいい」というものではなく、絶妙な気づかいが必要なのでしょう。

新人時代、あなたはどんな声がけがあったら嬉しかったでしょうか。

すぐ思いつくのは、

「**大丈夫？**」

「**あの仕事、大丈夫だよね？**」

などでしょう。

ただ、本当に業務が進んでいるかを確認したいときには、意味のない声がけです。

なぜなら、**人は「大丈夫」を演じたい**からです。

「いいえ、大丈夫じゃありません」を言うのには勇気がいります。

人は、できない人間と思われたくないし、教えてもらったのに「大丈夫」ではなかったら申し訳ないと思うものです。

「大丈夫？」という声がけには、**「大丈夫に決まっているよね！」というプレッシャー**が含まれているのです。

「一歩だけ踏み込む」声がけをしよう

声がけするときの気づかいは、「大丈夫？」以外の質問のバリエーションを持つことです。

「はい・いいえ」で答えられるクローズドクエスチョンより、相手に話してもらうオープンクエスチョンで声がけをしてみましょう。

たとえば、

「どこまで進んだ？」

「いま、どんなことやってるの？」

などです。

こうやって一歩だけ踏み込んでみると、「いや、じつは困っていることがあって……」と、相談が出てくることがあります。そこまでやって、ようやく「声をかけてもらって嬉しかった」という思いが出てくるのです。

とはいえ、**ぐいぐいと詰めるのではなく、あくまで一歩**です。それがちょうどいい気づかいの距離です。

会社員時代の仲間に、声がけの仕方が上手な人がいました。

彼女が後輩にしていた声がけが、

「**今日の帰りまでに、何か質問を３つ用意してください**」

というものでした。

そうすると、特に新人の頃は、聞くべきことを念頭に置いて業務をこなすことができます。ぜひ、「大丈夫？」という意味のない声がけをやめて、限定した声がけをするようにしてみてください。

限定 3

確実に伝えたいときは「言い切り」＋「フォロー」

指示を出すときの「偉そうな感じ」は、
誰しもが抵抗ありますよね……。

雑談と指示は異なるもの

「曖昧《あいまい》にすることが気づかいだ」という誤解をしている人が多くいます。

たしかに、日常生活や雑談などでは、思っていることをハッキリ言うことは嫌われる傾向にあります。

ただ、ビジネスの場では、伝えたいことを曖昧にしてしまうことでトラブルにつながるケースがあります。

自分では指示を与えているつもりなのに、相手に「やらなくてもいいこと」のように受け取られてしまうと、仕事は進みません。

そういう場合には、**「言い切ってあげること」のほうが気づかいになる**のです。

いつの頃からか、言い切ることを避ける人が増えました。

その一例が、

「○○**だけれども**」「○○**ですが**」「○○**ですし**」

というように、文節止めにする言い方です。

日常の雑談なら曖昧でもいいのですが、仕事の指示出しでは避けたい表現です。

「これ、明日までに必要なんだけど」

というように言ってしまうと、察しのいい人は「今日中にやろう」と急ぎますが、**勘の鈍い人だと「明日の午後からゆっくりやればいいか」と受け取ってしまいかねません。**

「出張費の精算だったら、経理部に聞いたほうがいいかもしれない」

などと、他に選択肢がなくても、「かもしれない」を使う人も多くいます。

このような言い回しは、**「言った・言わない」を生み出し、お互いにとってストレスになる**のです。

言い切りの後で印象は決まる

相手に確実なことを伝えたい場合は、「言い切る」ようにします。

「限定」をさらに超えた「断定」にすることで、**部下や後輩が迷いなく行動に移せます。**

「これ、明日までに必要なんですが、時間はありますか？」

「経理部に直接聞いてみてください」

と、業務の最優先課題である「確かさ」を伝えましょう。
とはいえ、内向的な人は、言い切ることが苦手かもしれません。
その場合は、最後に「フォロー」を加えるようにしましょう。
先ほどのように言い切った後に、

「わからなかったら、またいつでも聞いてください」

など添えることで、言い切りの信頼感に、安心感がプラスされます。
これで、命令口調の硬さがなくなり、悪い印象も取り除かれると思います。

「はい」＋「センテンス」で確実に返事する

自分が思っている以上に
ちゃんと返事しないと、伝わりません。

あいづちの「はい」と肯定の「はい」

日々のコミュニケーションでは、意外なことがストレスを生み出します。

ちょっとした返事だけでも、気づかいの違いは表れます。

たとえば、ある業務を進める中で、確認のために相手に質問したとしましょう。

「変更があるときは、前日までにご連絡すればいいんですね？」

「はい」

いかがでしょう。これだけだと、本当に前日まででいいのか、何に対しての「はい」なのかが不明瞭で不安になります。

「前日でいいんですよね？」と、念を押して再確認したくなります。

逆の立場になったとして、「自分は返事をしているのに聞き返された」という思いをしたことはないでしょうか。

その場合も、おそらく返事の仕方が悪かったのでしょう。

じつは、返事のときの「はい」には、あいづちの「はい」と、肯定の「はい」がありま す。人は、相手の話を聞いていることを示すために、あいづちを打ちます。

ところが、そのあいづちの「はい」を、肯定の「はい」と捉えてしまったり、逆に、肯定の「はい」があいづちの「はい」としか聞こえなかったりして、お互いに誤解が生まれることがあります。

返事の仕方も気をつけないといけないんですよね。

「センテンス」で答えると確実になる

肯定の「はい」として伝えるためには、「センテンス（文章）」で答えることで、相手に確かなものとして伝わります。

「はい、そうです」「はい、前日までにご連絡ください」とまで言うようにすれば、相手も聞き返す必要はなくなります。

また、反対に「いいえ」を伝える場合も、センテンスにします。

左の図のように、否定から入るのではなく、「肯定形の文章」にすると、わかりやすく

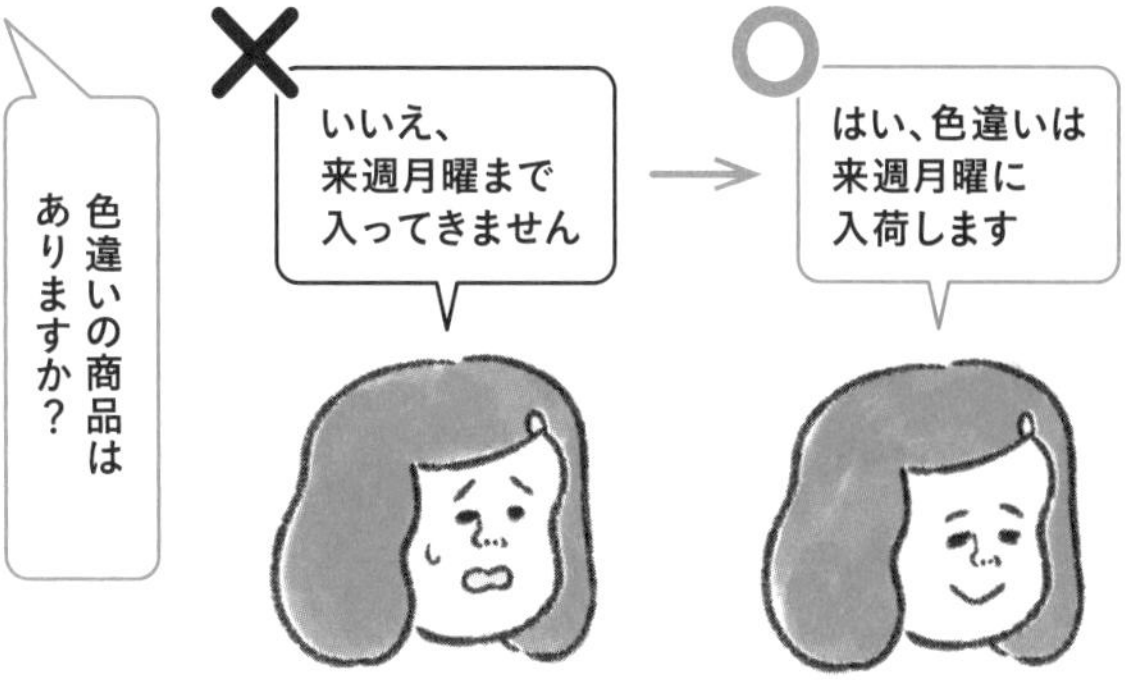
色違いの商品はありますか？
✕
いいえ、来週月曜まで入ってきません
○
はい、色違いは来週月曜に入荷します

▶ 肯定的に伝えると、肯定的な反応を引き出す

て、その後の会話も続きやすくなります。

ただし、罪悪感でダラダラと話してしまうのはＮＧです。

「先ほどまではあったんですけど、午前中に売れてしまいまして、他のサイズだったらあるんですが……。ただ来週月曜までお待ちいただけるようでしたら、入荷の予定があります」

あまりに長く話しすぎると、言い訳がましく聞こえてしまいます。

「肯定すること」を先に確実に伝えた上で、センテンスで答えるようにしましょう。

限定

5

チャットは「テンポよく」シンプルに返す

考えれば考えるほど、
文章は長くなりがちです。

チャットツールは「ルールなき世界」

ここ数年で、私たちのコミュニケーションツールにチャットが加わりました。

通信手段の多様化にともない、何をどの目的でどのように使用したらいいのか迷う人が多いようです。

メールであれば、あいさつの仕方などに一定のマナーがありますし、前文・本文・末文という基本構文も存在します。

一方で、**歴史の浅いチャットツールは、企業によって使い方やルールがさまざまです。**

「チャットで資料を送ったけれど、グッドボタンのリアクションだけなんて失礼だ」と感じる人もいます。

「チャットなのに、『お気づきの点がありましたら遠慮なく……』と、長々と書いてくるなんておかしい」と感じる人もいます。

人それぞれだから迷うのも仕方ありませんよね。

メールよりもフランクにしてみる

チャットはテンポを重視して「短く」を基本にしましょう。

迅速にやりとりすることに特化したツールですから、メールのようなあいさつや、過度なクッション言葉はいりません。

グループチャットなどで「読んだこと」だけを伝えたいのであれば、リアクションボタンを選択したほうが合理的です。

全員が、「ありがとうございます」「かしこまりました」とメッセージすると、元のメッセージの内容が上に移動して確認しにくくなります。

メールの文章よりフランクなくらいでちょうどいいと思います。

ただ、相手の世代や目的によっては、メッセージで返すのが望ましいときがあります。

たとえば、「ぜひ、○○さんの資料を参考にしたいです」とお願いしてきた後輩がいるとします。

その後輩に、あなたが過去に苦労して作った資料をチャットで送ったとします。

そこに返ってきたのが、「グッドボタンのリアクション」だけだったら、ちょっと違和感を抱かないでしょうか。

これを見極めるには、**「相手の労力の有無」**を考えることです。

相手が時間をかけて考えたり、作ったりしたものに対しては、丁寧に返事するようにしましょう。

また、長文でじっくり返さないといけない必要に駆られたときは、チャット上で、**「長くなりそうなので、あとでメールのほうに送っておきますね」**などと伝えて、ツールを替えるようにするといいでしょう。

とはいえ、人の感覚もツールも進化しているので、数年後は私も違うことを言っているかもしれません。ただ、迷ったときは「自分がされて嬉しいかどうか」が最強の軸になることは未来永劫、変わらないはずです。

限定

6

「箇条書き」で相手の時間を節約する

資料だけが丸ごと送られても、
誰も読む気は起こらないものです。

メールを受け取ったときのストレス

私たちが日常のメールで使っている箇条書きにもまた、限定する効果があります。108ページでも紹介した「箇条書き」を、さらに気づかいを加えた方法で活用してみましょう。

たとえば、顧客から「今日オンライン会議でご紹介いただいた商品の資料があれば、PDFで送ってほしい」というメールが来たとします。

ほとんどの場合は、

「本日ご覧いただいた資料を添付いたします。
ご質問などございましたら、遠慮なくご連絡ください。」

と、添付ファイルや該当のURLを貼り付けて返信するかと思います。

ただ、その資料が複数ページある場合、**相手は該当箇所を探すのに手間取ります**。これは、相手からすると案外、面倒な作業です。

そこで、相手が少しでも早く、ほしい情報に辿り着けるように、必要なページや箇所を限定して箇条書きにするのです。

それが、左の図のようなメールの文面です。こうすることで、**メールを受け取った人は30秒くらいの時間を節約できる**はずです。

たかが一手間ですが、されたほうはストレスが減り、「気が利くな」と思ってくれる方法です。

ダラダラ書かずに「箇条書き」でスッキリさせる

ちなみに、箇条書きを使わずに同様のメールを書くとこうなります。

「さっそく、資料を添付させていただきます。
ご要望の商品Aにつきましては、添付資料4ページにございます。商品Fにつきましては5ページ目にございますので、ご参照のほど、よろしくお願いいたします。ご質問などございましたら、遠慮なくご連絡ください。」

○ いいメール

本日ご覧いただいた資料を添付いたします。
なお、会議内でご紹介した商品は以下のページにございます。

・商品A：2ページ、3ページ
・商品F：5ページ

ご質問などございましたら、遠慮なくご連絡ください。

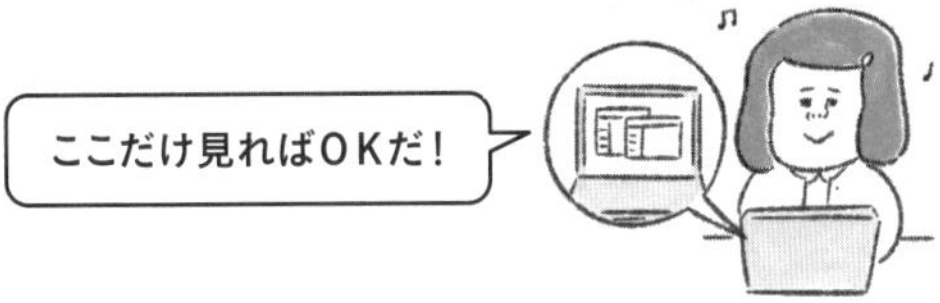

どうでしょう。長い文の中に大事な事柄が埋もれていますし、参照しにくいですよね。

せっかくの親切も、伝わらなければ、無いも同じです。

箇条書きのメリットは、パッと見てパッとわかることです。

相手が確認したり読んだりすることに時間や負担をかけないようにできてこそ、気づかいになるのです。

メールで詫びるときは、「最初」と「最後」だけ

たくさん謝ればいい、ってものではありません。メリハリをつけましょう。

「詫び倒し」は疲れる

メールを書くときに、もっとも気をつかうのは、「謝罪」のときではないでしょうか。

普段は短文でテンポよく返事する人も、謝らないといけないときには、何度も読み返して推敲《すいこう》するはずです。

私がよく目にするのは、次のようなお詫びメールです。

「このたびは、ご迷惑をおかけし、まことに申し訳ございません。
また、週末を挟んだため、ご返信が遅れましたこともお詫び申し上げます。
お調べしたところ、ご連絡いただいた件につきましては、私どもに確認漏れがございました。たいへんご迷惑をおかけし、申し訳ございません。つきましては、たいへん申し訳ありませんが、ご返金の対応をさせていただきたく存じます。」

謝る気持ちを伝えたいあまり、**４回も「謝罪の言葉」を使っています。**

そのため、相手にとって「本当に知りたい情報」が埋もれてしまっているのです。

このようなメールは、読み手に大きな負担になります。

謝罪の気持ちを伝えることは大事ですが、「詫び倒し」はよくありません。

余計なお詫びをゴソッとそぎ落としましょう。

大事な情報を謝罪で挟む

電話と違って、相手の言葉を視覚で捉えられるのがメールの特徴です。

前文・本文・末文で構成されるメールでは、お詫びを入れるのは最初と最後だけにすることで、ちょうどいいバランスになります。

左の図のように、前文と末文に限定しましょう。


たった2回では物足りない気がするかもしれません。

しかし、**相手が本当に読みたいことは、「事実の確認」です。**

それならば、問題解決のための情報を伝えることも、謝ることと同じくらい大事なはずです。

いいメール

（前文）このたびは、ご不快な思いをおかけして、
たいへん申し訳ございません。
（本文）ご迷惑をおかけした経緯をご報告いたします。
（原因、対応策、再発防止策…を入れる）
（末文）ご報告は以上です。
ご期待にお応えできず、まことに
申し訳ございませんでした。

そのための情報を前後の謝罪で挟むと、誠実な態度が伝わります。

先ほどのやりすぎのお詫びメールは、自分が気持ちよくなるために謝っているような印象があります。

「こんなに申し訳なく思っているんです」ということを伝えすぎると、逆に相手に気をつかわせてしまいます。つまり、相手に壁を作り出してしまうのです。

謝罪の気持ちが先に立ってしまうときこそ、謝る気持ちは最初と最後だけに限定しましょう。

第2章

相手に心の準備をさせる

――「予告」のコツ

急に何かを振られたりするとき、人はストレスを感じます。

そのストレスから相手を解放するのが、「予告」の気づかいです。

「抜き打ちテストをする」

「知らないフリをしてカマをかける」

など、**人を試すような行為は、相手から嫌われます**よね。

そんな悪意はなくても、突然、夜に電話がかかってきて、

「明日の朝一に会議室に来て」

と言われたら、気になってドキドキするはずです。

「緊急案件？」

「私が何かやらかした？」

と、不安で頭がいっぱいになるでしょう。

そうではなく、「**明日、○○の件で教えてくれる？**」と、前もって知らせてくれたなら、頭の中で話すことを用意しておけます。

日々の仕事は、テストではありません。

心の準備が整っていないと、本来持っている力を発揮することはできないはずです。

無意識にそのような状況を生み出さないように、「予告」の気づかいを覚えておきましょう。

予告

1

「いまから電話いい？」と前もって伝える

留守電のない着信ほど、
焦ることはありません。

電話は「ここぞ」のときの手段

「電話は時間泥棒だ」という考え方が一般的になりつつあります。

電話が悪者のように捉えられ、その存在は、他の通信手段の後ろに追いやられている感があります。

そういう私も、コミュニケーションツールはSNS中心で、プライベートで電話をすることは、ほぼありません。

ただ、だからこそ、使う機会が減った電話が「**最適な場面もある**」ということも感じます。

たとえば、テレワーク中のメンバーの様子が気になったときなどです。

何かあったか聞きたいと思ったら、無難にチャットやメールを選ぶ人が多いかもしれません。

ただ、急ぎの業務についてなら何も考えずに文字が打てるのに、ちょっとしたことの確認だと、**言葉を選ぶのに時間がかかる**のではないでしょうか。

それに、相手からの返信も文字情報ですから、**微妙な変化をうかがい知ることまでは困**

難です。

そうかといって、定期的な1on1ミーティングなどもあるでしょうし、わざわざ面談を提案してしまうと、何ごとかと相手が身構えてしまいます。

まさに、自分の心の壁を越えないといけない瞬間ですね。

電話は「カメラオフのツール」でもある

こういうときは、声だけのコミュニケーションツールである電話を使うのがおすすめです。

ただし、電話をかける際は必ず相手への「予告」が必要です。

チャットやメールで、

「少し電話で話したいんだけれど、15時ごろどう？」

と、一言伝えてください。

心の準備を相手にさせてあげる、大切な気づかいです。

それでも若い人にとっては、電話はハードルが高いかもしれません。

×いきなり電話
急に電話が来た…
○前もってメール
このあと、
電話が来るのか

▶ 事前に伝えて、心の準備をさせよう

でも、こう考えることはできないでしょうか。

いまやオンライン会議が当たり前のようになりました。そうすると、**むしろ電話は「カメラオフで顔が見えないオンライン会議」と同じ**です。

このように伝えると、はるかに心の負担が軽く感じられるでしょう。

もし、部下や同僚が一人暮らしなら、１日のうちで会話することが「コンビニでのやりとりだけ」という状況もあるかもしれません。

そこまで考えることができると、予告して電話することも気づかいの１つだとわかるはずです。

予告

2

会議の前に「話を振るからね」と伝えておく

みんな天才じゃないので、
いいアイデアは急に出てきません。

会議は「準備」が9割

会議の進行をする上でも「予告」が参加者と自分のストレス軽減になります。

私がファシリテーションの上手な上司から学んだのは「会議は準備が9割」ということです。

ホワイトボードに意見を書き出しながら課題を浮き彫りにし、参加者の納得を得ながら収束する。終了時刻には次回話し合うことまでまとめられている。

そんな姿を見て、いつもこうなりたいと思っていました。

「会議のテーマと目的を把握しておく」

「あらかじめ参加者にはアジェンダを送っておく」

「意見を用意して臨むよう伝える」

など、テクニックはいくつかあります。

その中でも簡単で意外だったのが、「**参加者リストを確認しておく**」ことでした。その上で、「**発言のトップバッターとなる人を決めておく**」のだそうです。

なぜなら、最初の人の発言が、その後の会議の方向性に影響することが多いからです。

最初にネガティブな意見からスタートすると、そのあとに続く人も、厳しい意見に引っ張られてしまいます。

もちろん、会議ではポジティブな意見だけが望ましいわけではありません。

ただ、全員に自由な発言をしてもらいたいからこそ、影響を与えやすい強い発言をしそうな人を最初に持ってこない、という気づかいです。

アイデアはいきなり出てこない

自分の心の壁を乗り越えるために参加者リストを見て、不穏な会議の救世主となってくれる「**フラットな発言をしてくれそうな人**」をチェックしておきましょう。

そして、前もって自分が当日の進行役だと予告し、「**あとで話を振るからね**」と参加者に伝えておくことがおすすめです。

そうすることで、メンバーは各々、意見を用意して参加してくれます。

会議の種類にもよりますが、その場でいいアイデアが出ることは、日本の会議の場では

▶ ムチャ振りは、控えよう

あまり見かけません。

やはり、**各々が事前に考えたことを持ち寄って臨むからこそ、質の高い生産的な内容になるのです。**

そのためにも、事前の準備が大事です。

一方で、ネガティブな発言が出たときに、自分からあえてポジティブな発言をしたり、自分への同意だけを積極的に拾ったりするような進行役の人もいます。

これは、周りに壁を作るような行為です。

進行役の役割は、あくまでみんなに意見を出してもらい、それを収束していくことです。

大勢の人がいるときにも、ちょっとした気づかいを出せるようにしましょう。

予告 3

会議の「シナリオ」をつくっておく

「この会議、重くなりそうだな……」

と思ったら、準備しましょう。

大勢がいる場での「負のループ」

組織にいれば、厳しい展開が予想される会議の進行を担当することがあります。

たとえば、継続的な売上の不振や、トラブルの報告会議などが挙げられます。

「改善策を出すように詰め寄る上司」→「十分に答えられない部下」→「しばし続く沈黙」→「ふたたび詰め寄る上司」……。

というような、「負のループ」に直面すると、挟む言葉もそのタイミングもはかれないまま、上司の追及が終わるのを祈るように待ち続けてしまいます。

ただ、進行担当を任されるほどのキャリアになれば、会議のアジェンダを見ただけで、**追及されるテーマや人が想像できると思います**。

ここで準備するのは、「会議のシナリオ」です。

私の知っている重たいテーマの会議でもスムーズに進行させる若手営業リーダーは、前項で紹介した上司と同じく「会議は準備次第」と言います。

「重たい空気」に備えておく

彼の話をもとに、スムーズな進行を学びましょう。

営業報告会を例にします。

リーダーのAさんのチームが成績不振だったのに、Aさん本人が何も対策を用意できていませんでした。

Aさんが上から厳しくつっこまれるのは確実でした。

そこでAさんと相談して会議の場で、

「続いてAさんの報告です。今日の報告では、Aさんの希望で、みなさんから意見をもらいたいということです」

と、前振りすることにしたのです。

すると、単なる結果報告ではなく、善処するための報告に聞こえるようになります。

その結果、上からのつっこみから逃れられて、Aさんが他のリーダーから助言をもらう場に変わりました。

会議の空気が前向きに変わったのです。

▶ シナリオを描けば、会議はうまくいく

このように、彼は場が重たくなる想定をした上で、「シナリオ」を用意して臨んでいたのです。これは、いわばＡさんへの予告となるシナリオです。

こんなときやりすぎてしまう人は、Ａさんのような人を見つけると、一緒にひざを突き合わせて成績不振の改善策まで考えてしまいます。

よほど時間があるならわかりますが、改善策を考えるのはＡさんの仕事です。

相手の壁の向こうは、相手が考えることです。

予告

4

打ち合わせも会議も「終了時間」を決めておく

ゴールが見えないと、
誰も走り続けられませんよね。

終わりが見えない「気まずい状況」

つい話し込んでいるうちに、「あれ、これはいつ終わるのだろう？」と、不安に思うことがあります。

友達同士のおしゃべりであれば問題ありませんが、ビジネスシーンでは、「そろそろ次の予定が……」と切り出すのは勇気がいるものです。

そういうストレスをなくすために、打ち合わせや会議をはじめる際に、

「今日は15時までにしましょうか」

と予告するのも気づかいです。

特に社内の会議の場合、「あれ？　まだ会議室を前の人が使っている……」という経験をしたことがあなたにも何度もあるでしょう。

部屋の中が社内の人間だけならまだしも、お客さまが来ている場合は、ドアをノックして追い出すわけにもいきません。

そういう事態を避けるためにも、「**次の利用者を確認する**」という一手間は不可欠です。

さらに気が利く人の場合、役員が参加する会議で使用する部屋や、来客利用の予約が前後に入っている会議室は、あらかじめ候補から外します。

大勢の参加者が想定される会議のあとも、候補から外しておきます。**終わった後も意外とダラダラしている人がいて移動に時間がかかりますし、空気の入れ替えをする時間もほしいからです。**

自分たちが会議室を使う前後の予約チェックは欠かさないようにしましょう。

次の人の「5分前」に切り上げよう

大事なお客さまを迎えるための予約ならば、最低でも「15分前」から部屋を押さえておくのが無難です。

自分たちが使う場合も、次の予定の「5分前」に切り上げるようにすると完璧です。

打ち合わせや会議の冒頭で、「今日は14時55分で終了します」と予告し、参加者にも協力してもらいましょう。

終了時刻を知らないと…
この会議、いつ
終わるんだろう
知っていると…
14時55分に
終わるんですね

▶ あらかじめ、伝えておこう

これは余談ですが、会議室を利用する際、毎回、消臭スプレーを持参する人を見かけたことがあります。

一瞬、「その手があったか！」と参考にしようと思いましたが、自分が会議室から立ち去るときに、その姿を見たら傷つくなと思い、やめました……。

そういう余計な気づかいを減らすためにも、「5分前」の行動を全員が当たり前にすることが大事なのだと思います。

予告
5

リマインドで「誤解されるポイント」を押さえる

リマインドメールが迷惑になることは、
ありません。断言できます。

「わかっているだろう」を疑う

社外の人へのコミュニケーションには、さらに気をつかった予告が欠かせません。

たとえば、メールで、次のような失敗をしたことがないでしょうか。

ある企業で、お客さまからのお問い合わせに対し、

「確認して折り返しご連絡します」

と返信した社員がいました。

翌朝、そのお客さまから「まったく連絡が来ない」と苦情が来て、トラブルになりました。

そのお客さまの会社内での折り返しルールは「15分以内」だったのです。

しかし、一方の社員の感覚だと、「翌日中」でした。

このトラブルを避けるためには、最初から「**明日の○時までにご連絡します**」などと伝えておくべきでした。

このように、自分と相手の「当たり前」に違いがあると、相手の誤解を招き、やがてお

互いがストレスを感じるようになるのです。

特に、文字だけのコミュニケーションでは、顔の表情や声のトーン・身振り手振りに頼ることができず、「たぶんこういうことだろう」と思い込む、ということがよく起こります。

それをなくすためには、**「こういうことかな?」と疑問点が浮かんだときは、決して確認を怠らない**ことです。

人はそれぞれの当たり前の中で生きていますので、受信したその瞬間、読み手が解釈したいようにしか伝わりません。

社外の人には、特に確認を徹底しましょう。

「リマインド」をクセづけよう

リマインドは、とにかく日頃からやっておくに越したことはありません。

たとえば、長時間の車移動や店舗業務従事者など、メールチェック自体を頻繁にできない仕事があります。

そんなときは、取引の最初に、

「**メールをすぐに見られませんので、当日夜までには必ずご返信します**」

と伝えておくと親切です。私自身も、朝から夕方まで研修が入っている日は、返信できるのが夜になるので、そのことを伝えるようにしています。

そうやって予告しておけば、相手を不安にさせることもありません。


また、誰にでも「うっかり」があります。

提出期日やアポがある前日にリマインドメールを送れば、相手のうっかりを未然に防ぐことができます。

「貴社とのお打ち合わせが明日になりました。14時に以下のURLからお入りください」

というメールを送ったら、「**ありがとうございます、4時（16時）と勘違いしていました！**」

という返信をいただいたこともあります。

こうした誤解は、したほうもさせたほうも気まずい思いをします。

予告には、そんな思いを未然に防ぐ効果があるのです。

第3章

答えではなく情報を与えるスタンス

——「共有」のコツ

正論を押し付けられるストレスから相手を解放する気づかいが「共有」です。

相手は新人だから、まだ経験が足りないからと、あれこれ口出しをしすぎる先輩社員、上司はいないでしょうか。

自分がそうであるように、新人や後輩も日々成長しています。

自分で考えて行動できるのに、意見を押し付けられたり、命令口調で伝えられたりすると、ストレスが溜まっていきます。

老子の格言**「飢えている人には魚を与えるより、魚の釣り方を教えなさい」**です。

魚は正解、釣り方は情報の共有。自分の魚で相手をお腹いっぱいにさせないことです。

大それた情報でなくても、仲間と共有する意識は大事です。

たとえば、手土産を手渡されたときに、相手に感謝を伝えるのはもちろんですが、さらにその厚意を周りと共有してみましょう。

その場で**「〇〇さんからお土産をいただきました」**と、周囲に呼びかけることができると、その思いは伝播していきますよね。

そういった共有意識を、ぜひ身につけましょう。

アドバイスには「ここから先は考えます」と返す

どちらも傷つかないし、嫌な気がしない、
絶妙な言い回しを覚えましょう。

正論よりも大事なこと

あなたは、アドバイス好きな先輩に困ったことがないでしょうか。

私は何度もあります。

もちろん、適度かつ的確なアドバイスはありがたいものです。

ただ、「○○するべき」「絶対に○○だ」という話が延々と続くと、次第にありがたみが薄れていきます。

最終的にそのアドバイスをどう活用するかは、**アドバイスを受けた本人が決めること**です。正論を伝え続けるよりも、考え方の共有くらいまでがちょうどいいということが、アドバイスを受ける立場になるとわかるはずです。

感謝を伝えつつ、お互いを尊重するイメージです。

アドバイス好きな人は悪気のない、いわゆる「おせっかい」さんです。

しかしやりすぎは、相手の壁を越えることになってしまうので、引き際が大切なのでしたよね。

「教えてくれたこと」に感謝する

もし、おせっかいな先輩が現れたときは、感謝にプラスして「自分で考えたい」と伝えてください。

「ありがとうございます。自分では気づけなかったことを教えていただきました。**ここから先は、私の成長のためにも自分で考えてみます**」

アドバイスの切りのいいところで、こんなふうに伝えれば、相手の「あなたのためを思って」という気持ちは満たされ、お互いが気分よく解放されると思います。

こうした経験は、自分がアドバイスをする立場になったときにも参考になります。

アドバイスの内容はいったん横に置き、それを教えてくれたことに感謝するのが気づかいなのです。

いいメール

ご助言のメールをありがとうございます。

読み返しながら、自分では気づけなかったことばかりと感じました。
○○さんからのアドバイスを参考に
自分の行動を振り返り、成長につなげてまいります。

また何かありましたら、相談させてください。

これからも、どうぞよろしくお願いいたします。

▶ 内容より、送ってくれたことに感謝を

メールでの助言に対しても、上の図のように返すようにしましょう。

ここでも、教えてくれた内容にすべて触れる必要はありません。**「送ってくれた」「教えてくれた」という事実に対して、感謝を伝える**ようなスタンスで十分です。

正直ピンときていないのに、あまりにいい反応をしてしまうと、また同じような長文メールが来てしまうかもしれません。

そうならない一定の距離感は保つ、ちょうどいいメールを返せるようになりましょう。

フィードバックはできるだけ「短く」

ダラダラと話すのではなく、
スパッと歯切れよく伝えよう。

「フィードバックの質」が「仕事の質」

前項では、アドバイスされる立場で共有の心地よさを学んでいただきました。次はあなたがするほうの立場で考えてみましょう。

後輩が増えてくると、報告をする側から報告を受ける側に役割も変わってきます。日報や週報といった定期的なもの以外にも、完了報告や顛末書など、目を通さなければいけないものも増えてきます。

いずれも報告と上司からのフィードバックはセットが原則ですから、**報告するほうにもされるほうにも、気づかいが必要です。**

そもそも「フィード（Feed）」は「食べさせる」という意味です。

さらに相手に「バック（Back）」するということは、フィードバックには「**相手の栄養となることを返し、仕事をよりよくする**」という目的があります。

あなたは、フィードバックをしようと思っていたのに、時が流れて、そのうち「ま、いっか」でやらなかったという経験をしたことはありますか。

「フィードバックしない」は、「あなたに関心ないよ」というメッセージにも聞こえます。「自分がされて嬉しいかどうか」で考えると、嫌ですよね。

「答え」ではなく「方法」を伝える

私は報告書の「書き方指導」をする際、実物を見せていただくのですが、そこで見つけた法則があります。

報告書の中身の薄さと上司のフィードバックの薄さはリンクしているということです。報告書は読み手がいるから書く意欲が湧くもので、逆もまた真なりです。

一方で、丁寧なフィードバックに努める人は、ねぎらいや「良かった点」なども忘れません。ただ、あれこれと言いたいことを詰め込みすぎるきらいがあります。

失敗させないために教えたくなる気持ちはわかりますが、実際にやってみないとピンと来ないこともあります。

相手に失礼になることや大きなトラブルにつながってしまうようなところなど、**「これ**

いいフィードバック

〇〇社への訪問、お疲れさまでした。
次回データを持っていくと書いてありましたが、
商品企画部の鈴木さんが最新のものを持っています。
相談してみてください。

だけは欠かせない！」というポイントを指摘するだけにしておきましょう。報告より長いフィードバックは、相手にプレッシャーを与え、読むだけでも負担になります。

あなただったら、提出した報告書に、どんなフィードバックがあったら嬉しいでしょうか。

上の図のように、「**ねぎらい**」「**短く**」「**方法を伝える**」の3点セットが有効です。

答えを用意して渡すのではなく、答えを獲得する方法を情報共有するイメージです。

こうすることで、相手の仕事の質に栄養を与えることができます。

叱ったことは「引きずらない」

少し言い足りないくらいが、
相手にはちょうどいい。

ミスを隠す部下の心理

パワハラの概念が浸透し、叱ったり叱られたりする場面が減ったように感じます。

若い人たちが役職につきたくない理由の第1位は、「責任が大きくなるから」だそうです。

責任には、部下が大きな失敗をしたときのフォローと同時に、「指導すること」「叱ること」も含みます。

それを聞くと、気が重いと感じる人も多いと思います。

しかし、若い人が仕事を覚えるために、**誰かがやらないといけない役割**です。

ポイントさえ押さえれば、「叱ること」は有効な方法であることを知りましょう。そうすることで、まずは自分の心の壁を越えられます。

たとえば、ダメなところを何度も指摘してくる上司がいるとします。

こうした上司のもとで育つと、働く目的が「**怒られないようにするため**」になってしまいます。上司の顔色をうかがい、ミスをなくしていけばいいだけなのに、**失敗を隠すよう**

になるのです。

一方で、相手に必要以上に気をつかって、

「私も人のこと言えないんだけど……」

「そういうことは誰にもあることなんだけれども……」

と、前置きばかりでハッキリと言ってくれない上司もいます。

こうした上司のもとで育つ若手は、叱られている実感が湧きませんし、大したこととしていなかったんだと間違った認識を持つこともあります。いずれも、叱り下手です。

「少し言い足りない」「また言いたい」という気持ちをおさえる

叱る目的は、行動を変化させることです。

起きたことから学んで、**二度と同じ過ちを繰り返さない行動ができるようにさせること**です。

改善点が明確になっているのであれば、叱責も「短く」です。

ゼイガルニク効果という心理現象があります。人は達成してやり遂げたことよりも、達成できていないことや中断されたことのほうが、より強く記憶に残るのだそうです。

上司や先輩からの叱責も、物足りないほど短いほうが相手は気になるものです。

「原因は、『事前の確認不足』でしたね。気づいた時点で相談してほしかったです。そうしたら私もフォローができたので。次回からそうしましょう」

これで10秒です。そこから先は、二度と繰り返さない策を本人に考えさせます。

上司からすると、**少し言い足りないくらいがちょうどいい長さ**です。

そして、**一度叱ったら、その内容には二度と触れないこと**です。

とっくの昔に改善したことを「前もあったよね？」などと蒸し返されて、嬉しい人はいません。

「いやいや、うちの後輩は、短い叱責ではとても叱り切れないようなミスをするんだよ」と思った人は、その原因は教育やマネジメントなど、当事者以外にあるかもしれません。

自分が気持ちよくなるような叱り方をして、相手の壁を越えないように注意しましょう。

共有

4

「ここぞ」という日に「今日だったね」と声をかける

「私を見てくれているんだ……」という、
いい距離感を覚えておきましょう。

「さりげない一言」で十分

「今日は午後に大事なプレゼンがある。朝からそわそわして緊張する……」

そんな大事な日が、誰しもあると思います。

同僚や上司・部下の関係であれば、**「あの人は今日、大事な日だ」**ということを認識しているはずです。

そんなとき、どう声をかけていいか、そっとしておいたほうがいいのか、「気づいているだけの人」は迷うのではないでしょうか。

私は、リクルートで働き始めた頃、お客さまへの対応に困ると、いつもある先輩に相談していました。するとその方は、私がお叱りをくださったお客さまに連絡をしなくてはいけない日のことを覚えていて、その日の朝、「**今日だったね**」と、声をかけてくれていました。

この気づかいは、とても心強かったのを覚えています。

それ以降、私も、それが嬉しかったことを無意識に覚えていたので、逆の立場になったときに、「今日だったね」と声をかけるようになっていました。

さりげない一言でも十分に気づかいになるのだなと思い知った例の1つでした。

「余計なこと」は言わない

この例のように、気づいたときに声をかけたいと思っていても、躊躇してしまうことがあると思います。

それは、**気の利いたことを言わないといけない**と思い込んでいるからではないでしょうか。「相手のため」と思って声がけをやりすぎる人は、自分の経験談を丁寧に話し込んでしまいがちです。

相手が新人であれば、こういう指導もありでしょうが、2年目以降の同僚となると、自分で考える力も養われているはずです。

すると、教えすぎたり、話し込んだりしてしまうのはマイナスです。

やはり、「今日だったね」くらいに留めて、あとはそっと見守るようなスタンスでちょうどいいでしょう。

▶ さりげなく、そのことに触れるだけでOK

さらに極端な例を挙げると、

「絶対に失敗するなよ」

「失敗したら帰ってこなくていいぞ」

と余計なプレッシャーを与える上司もいます。こうした圧力を力に変えるような人も、たしかに一定数います。

しかし、今のご時世では、**プレッシャーに潰れてしまう可能性があるのであれば、控えるべきこと**でしょう。

解決策のポイントを手短に共有したら、あとは本人に考えさせる。そして、大事な日の朝一番で声をかける。

「ここぞ」という日のちょっとした一言は、それだけで大きな勇気づけになります。

調べてきたことを「全部」伝えない

感じのいい人は、さりげない。
「ひけらかす」なんてことは、しません。

さりげない「下調べ」

あなたは、仕事関係の人と会う前に、「下調べ」をしているでしょうか。

営業職であれば、**事前に調べた顧客情報が契約の決め手の1つになります。**

そんなに時間をかけて調べたことでなくても、ちょっとしたことに触れるのは、大事な気づかいです。

たとえば、メールアドレスも情報源の1つです。

企業によっては、@マーク前を本人の自由にさせてくれるところがあります。

たとえば、「divareiko1025@○○○.com」であれば、「diva（歌姫）」なので、歌うことが好きな10月25日生まれのレイコさんと想像できます。

合っていないかもしれませんが、雑談のネタには使えそうです。

ただし、情報を持っていても、**「私はあなたをこんなに知っていますよ」ということをアピールしすぎるのは無粋**です。

最初のうちは嬉しくても、あまりにそれが続くと、「あざとさ」が見えてきます。

あるいは、その会社の社員すら知らない商品情報や企業情報を、知識オタクのように持ち出すようなことも避けましょう。

面接のような場ではそれもアピールになるかもしれませんが、**通常業務でやりすぎるのはNGです。**

「気になったんですが、○○さんって歌をやっていらっしゃいませんか？　星座はさそり座ですよね？　divaってもともとイタリア語で女神という意味らしいですね」

などと、知識のマウンティングをされると、ちょっと引きますよね。

情報は「困ったら使う程度」でいい

情報を持っていても、それらはあくまでストックです。

相手が関連することを話してきたときに、さりげなく取り出して共有するくらいがちょうどいいのです。

もしくは、**最初の雑談のネタや沈黙して困ったとき**に使う程度でＯＫです。

実は、来月鹿児島にも
支店を出すんですよ
鹿児島ですか！ いいですね。
あ、たしか、御社福岡にも
支店をお持ちでしたよね？
それは新幹線のアクセスが
いいですね〜

▶ 相手の話に関連させて、披露しよう

たとえば、相手の会社が福岡に支店を持っていると知っていたとします。

そこで、相手のほうから「鹿児島にも支店を出す」という話をはじめたとします。

その場合も、上の図のように、さりげなく情報に触れるだけでいいのです。

「他に大阪支店がありますよね」「たしか新卒を１００人採用予定ですよね」など、調べたことをすべて言おうとするのは、やめましょう。

用意したネタの8割くらいは披露しなくてもいいのです。

準備アピールではなく、あくまで目の前の人と気持ちよく会話することを目的に考えましょう。

雑談スキルを磨くコツ

雑談は、気づかいが表れるポイントです。

仕事ができる人は、ビジネスライクに要件だけを満たしてサッと帰る性格かもしれませんが、そこに雑談する気づかいが加わると、さらに完璧だと私は思います。

特に、オンライン会議では、共有画面が映らなかったり、接続が乱れたり、相手が揃うまでの時間があったりして、**「雑談で埋めたい魔の沈黙タイム」**が生まれやすいです。

そんなとき、「気の利いた話をしはじめてくれた人がいて助かった」という経験はないでしょうか。「雑談スキル」は、相手の関心とリンクしていることが大事です。

先ほどのように、相手の情報を手に入れておくことです。

次のようなことは、会う前に事前にサラッと見ておくといいでしょう。

- **相手のホームページ**
- **大手や有名企業なら、出している広告**

ツイッターなどのSNS（企業・個人）
個人の名前を検索（顔写真・Web記事・セミナー記録）

ただ、先ほども述べたように、話題をたくさん用意していても、「私はこんなにもあなたのことを知っていますよ」と畳みかけないように注意です。相手と自分に関連しそうなネタを用意しておいて、1つか2つ、お話しができれば十分でしょう。

ちなみに、私の場合は教育研修が本業なので、初めての顔合わせの前には、**その会社の採用ページや採用広告を見る**ようにしています。

組織風土や求める人材像が書かれているので、絶好の前情報になるのです。

「御社のツイッターを拝見したんですが、アメリカにも支店を出されるんですね」

「春にZ世代向けの新商品をリリースされるんですね。ホームページを拝見しました！」

など、2つくらいの雑談からはじめるようにしています。ぜひ、その余裕を持っておきましょう。

共有

6

仕事の目的を「見えるように」伝える

「なんのためにやるのか」が見えないと、
不安で、頑張ることなんてできません。

その仕事、「ただの作業」ではないか

「報連相（報告・連絡・相談）」がなかなか定着しない。

そんな悩みはありませんか。これは毎年のように企業から相談を受けるテーマです。

94ページの「不機嫌な顔を見せないために鏡を置く」でも触れましたが、若手に報連相を定着させるための方法がもう1つあります。

それが、「**目的の共有**」です。

目的の見えない仕事は、「**ただの作業**」になります。

たとえば明日、あなたの家にお客さまを招くことになったら、部屋を掃除しますよね。

その目的は、きれいな部屋でお迎えしたいからでしょう。

一方で、私がアメリカにいたときに、アルバイトの方に、店内に掃除機をかけるように伝えたときのことです。

彼はすぐにかけてくれたのですが、私が後で確認したところ、掃除機をかける前のフロアと変わっていません。

彼の掃除機をかけるという行為には、「きれいにするため」という目的がありませんでした。

私に言われたから、掃除機に電源を入れて動かすという「作業」をしただけです。

報連相も、これと同じです。

「言われたからやっているだけ」という意識では、効果的な報連相にはなりませんよね。

目的を「見える化」しよう

報連相を定着させるためには、仕事の目的を伝えて、「それをすると誰が喜び、しないと誰が困るのか」を共有することです。

そうでなければ、仕事ではなく「作業」のままです。

「目的の共有」の効果的な方法は、「文書として書いて渡す」ことです。 つまり、見える化です。

口頭だけの共有では、すぐに忘れてしまいます。

▶ゴールが見えると、人は動く

見せながら口頭で伝えると記憶が深くなりますし、会議の後にチャットやメールで送れば保存もできます。

見える化することには、もう１つメリットがあります。それは、**社内の「やる意味のない慣習」がなくなること**です。

昔からの慣習で、なんとなくやっていることでも、**「意味は何なのか？」**を考えることで、ムダを省くことができます。

部下や新人から、**「何のためですか？」**と聞かれたことは、あらためて、その必要性を考えることができる機会です。

そのように捉えて、日々の業務に取り組みましょう。

第4章

相手のスペースに踏み込まない
──「領土」のコツ

相手の気持ちを考えず、相手の領土に土足で踏み込んでしまうとストレスを生みます。そのために必要な気づかいが、「領土」という概念です。

第1部の「相手の心の壁」という考え方を、さらに補強するための気づかいです。

情報を「共有」するスタンスで向き合ったら、そこから先は相手の領土。

そこに踏み込みそうなら、引くしかありません。

たとえば、「退職したいけど、残していくメンバーが心配で踏み切れない……」と悩むリーダーの話をよく聞きます。

これは、優しい気づかいに見えるようで、メンバーの領土に踏み込んだ考えです。

なぜなら、自分がいなければ残ったメンバーの仕事が回らないことを決めつけてしまっているからです。

もし、ちゃんと相手を尊重できるのであれば、引き継ぎをしっかりしたら、**そこからどうするかは残された人たちが決めることだ**と考えることができます。

また、相手の「領土」に踏み込み続けると、「傷つける」ということに発展します。

一時的なウケを狙って、誰かを茶化したり、皮肉を言ったりするのがその例です。

関係性や場面はあるものの、茶化されて嬉しくないと思う相手であれば、しないことです。

相手の心の壁を、踏み込むべきでない「領土」として考えられるようになりましょう。

「いいと思ったところ」をそのまま伝える

「褒めたい」と思ったことは、
素直に言えると素敵です。

優秀な人は「ダメなところ」が見えてしまう

ある企業のリーダーから、「メンバーの服装を褒めたら『それ、セクハラですよ～』とつっこまれました。褒めるって難しいです……」と、相談されたことがあります。

せっかく自分の心の壁を乗り越えたのに、こんな思いをしたら、次から声をかけるのに躊躇しますよね。

「アドラー心理学」でいう「勇気づけ」とは、「さまざまな対人関係における困難を克服する活力を与えること」を意味します。

アドラー心理学では、「褒める」より「勇気づけ」をすすめます。

その勇気づけの手法の1つが「**よい出し**」です。相手の「よいな」と思った行動を指摘します。

もしかすると、私たちには、「ダメ出し」のほうがおなじみかもしれません。

たとえば、1週間前に部下が作成したプレゼン資料があるとします。

根拠となるデータも念入りに調べ、伝えたいこともわかりやすく絞り込み、想定問答の準備も整えているようでした。そして当日を迎えたところ、取引先の反応もよいのですが、話を聞いていると、エビデンスの部分の話が長く感じたとします。

そのとき、あなたは、「エビデンスの解説、長すぎだよ」と、一言いいたくなるかもしれません。

これは、**仕事ができる人ほど、後輩や部下の「できていないところ」が見えすぎてしまうから起こってしまうこと**です。本当は「いいところ」がたくさんあるのに、「ダメなところ」に目がいってしまうのです。

褒めすぎると、素直に喜べないもの

そこで、意識的に「いいところ」に注目するようにしてほしい。そのために、「ダメ出し」ではなく「よい出し」を覚えておいてください。

「いいところなんて見つからない」と言うような人は、人より著しく優れているところを見つけようとしてしまっています。

そうではなく、「**できている行動**」や「**以前はできなかったけれど、できるようになっ**

た行動」を言葉にするのです。

先ほどのプレゼン資料の場合だと、

「あのデータ、効いていたね」「質問への回答が的確だったよ」

と、できていた行動について触れればOKです。

当たり前のことですが、思っていても、口に出さないと伝わりません。

そうやって言われたことは、「次も頑張ろう」という行動につながるはずです。


ただ、こう言うと、ついやりすぎてしまう人がいます。

よい出しを超えて、**「褒めちぎり」になる人**です。

「さすがです！　完璧！　すごい！」

「〇〇さんなら、絶対できると思っていたよ！」

と、大げさに持ち上げられると、「褒めようとしている」ということが伝わって、素直に喜べません。それはまさに、相手の領土を荒らす行為です。お互いが疲れるような気づかいは、する必要がありません。

当たり前にできている「よい行動」を言葉にする。これだけでいいのです。

領土のコツ

注意するときは、「相手の事情」を先に聞く

重たい話は、相手に荷物を
下ろさせてから始めましょう。

「言われて嫌だった言葉」ワースト3

私は、社内教育者向けの研修の冒頭で、「自分が先輩にされて嬉しかったこと」と「されて嫌だったこと」を1人ずつ発表してもらいます。

されて嫌だったことで多いのは「一方的に叱られたこと」で、そこでの「嫌だった言葉」のワースト3は、次のとおりでした。

「なんでこんなことしたの？」
「前にも言ったよね？」
「いつになったらできるようになるの？」

こうした言葉を発する先輩は、ミスやトラブルを解決するゆとりがないのかもしれません。

しかし、責められている側からすれば、「すみません」しか返すことができず、建設的な解決につながりません。

178ページでも述べたように、過去にまで遡って説教する人もいます。

それは、**「前に失敗したから、今度もミスをしたのだろう」という思い込みがあるから**です。

しかし、その2つには因果関係がありません。そういう決めつけは、相手の領土に踏み込みます。成長しようとする人を阻害するのです。

「すべてを聞いてくれた」という事実

あなたは、後輩や部下が失敗したときに、つい、

「やっぱりな」

「どうせまたやるだろうな」

と、思ったりしていないでしょうか。

人は、**「自分は努力によって変われると思うのに、他人は絶対に変わらない」**と思い込んでしまうものです。

しかし、本書で繰り返し述べているように、自分に心の壁があるように、他人にも同じ

壁がある。

つまり、自分も他人も同じように変われるということです。それを信じましょう。

ミスをした後に、最初にされたいことは、「事情や言い訳を聞いてくれること」ではないでしょうか。

もちろん、相手の語るすべての言い訳を信じ込む必要はありません。

しかし、最初に耳を傾けて、**言いたいことを吐き出させることはできる**はずです。

事情を聞くことによって、間違った理由が明確になりますし、**聞いてもらった本人の気持ちが落ち着きます**。

とはいえ、相手から事情を聞いて、自分の指導不足があった場合は、素直に謝りましょう。上司や先輩からの積極的な「ごめんなさい」は、二者間の信頼関係を強めるきっかけになります。

苦言メールは「困っている」＋「提案」で伝える

迷惑であることはハッキリ伝えつつ、
フォローさえすれば大丈夫。

感情を入れずに「苦言を呈す」

組織で働いていると、「苦言」を言わないといけない場面に遭遇します。

「苦い言葉」は、言われる側も嫌なものですが、伝える側にも大きなエネルギーがいります。

あなたも、「**これはどう伝えるべきか……**」と、悩んだ経験があるはずです。

たとえば、こちらの予定に配慮のない会議招集の連絡が来たとします。

早速、こんな返信メールを送りました。

「来期オフィス環境改善会議の参加依頼をもらいましたが、期末なので予定が読めません。この時期にやる意味はなんなのでしょうか。オフィス環境の改善前に、社員の状況を考えてください。」

苦言を呈《てい》する目的は、相手に「**こちらの事情を理解してもらうこと**」です。

ところが、こんなタッチで書くと、相手は「理解」より先に、「感情的だ」「そこまで言わなくてもいいじゃないか」と、マイナスな感想を持つ可能性があります。

とはいえ、相手には自分が困っていることは知っておいてもらいたいですよね。

「へりくだる」のは避けよう

次ページの左上のメールのように、「困っている」＋「提案」のセットで伝えるのが有効です。こんなメールだったら「理解」にプラスして、**配慮のなかった行動に「反省」という気持ちも湧いてきます**。

「気づかい」あるメールを送ると、自分がほしい反応が返ってきやすくなるものです。

ただ、左下のように、気をつかいすぎて、**必要以上にへりくだることはありません**。

これでは、苦言を伝えるはずが、腰の低いお願いメールでしかありません。相手に「迷惑をかけた」という意識が生まれず、また同じような連絡が来るかもしれません。

お互いの領土を守るためにも、「困っている」ことは、ハッキリ伝えましょう。

◎ いいメール

今回のオフィス環境改善会議については、
参加を見送らせてください。
残業軽減の中、年度末の納期に追われ、1時間でも
席を空けることが難しい状況です。
ただ気になるテーマなので、次回は参加したいと
思っています。
来期は2月に開催するのはいかがでしょうか。
その頃であれば参加します。

✕ ダメなメール

このたびは来期オフィス環境改善会議の参加依頼
までいただき、ありがとうございます。
いつも改善委員会事務局のみなさんには、
感謝しかありません。
そんな中、とても申し上げにくいのですが、期末が
近づいているため予定が調整しにくい状況です。
せっかくお声をかけていただきましたのに、
申し訳ございません。

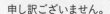

依頼メールに「断れる余白」を残す

重たすぎるメールに、
相手からのいい返事は来ません。

「熱烈さ」もほどほどに

依頼メールの上手な人は、どのような文章を書いているのでしょうか。

お願いをするからには、相手に許可や快諾をいただくことが目的です。

ただ、最終的な判断は、やはり相手がすることです。どんなに魅力的な依頼でも、スケジュールが合わなければ受けられません。無理なものは無理です。

そうであるならば、**「断れる余白」があると、お互いにとって心の負担が軽くなります。**

ところが、次のようなメールを送っていないでしょうか。

「このたびの講演会のゲストには、佐藤さま以外に適任者はいないと事務局全員の思いが一致しました。つきましては、ぜひとも私どもにお力をお貸し願えませんでしょうか。どのような条件も検討させていただきます。

ご参加者のみなさまの喜ぶ顔が、今からでも目に浮かぶようです。詳細を下記のようにお伝えいたします。」

いかがでしょうか。もし、都合がつかなくて断らなければならない場合には、この熱烈さが相手の心の負担になります。

返信するのに苦心しますよね。こうなってしまうと、相手の領土に踏み込むことになるのです。

「次につながること」を考えよう

先ほども述べたように、「断れる余白」も入れておくのが、ビジネスでの依頼メールを送る際の気づかいです。

特に、**感触を確かめるような初回の連絡は、概要がわかるくらいで十分です。**

左のような文章なら、さっと要件を確認できて、もし断るにしても大きな負担を感じないで済むでしょう。

すると、今回は都合がつかなくても、次回は受けてくれる可能性が高まります。**熱い思いを伝えるのは、次に会ったときまでとっておきましょう。**

● いいメール

初めてご連絡させていただきます。
「運動会NIPPON2023」事務局の川原と申します。
本日は、海外遠征経験の長い佐藤さまに、
当イベントのゲストとしてスピーチをお願いしたく、
ご連絡させていただきました。
「運動会NIPPON2023」は、
海外観光客に日本の運動会を
楽しんでいただきながら、
日本の大学生との交流を目的にしています。

【運動会NIPPON2023】
場所：ABCドーム　会場A
日時：2023年6月3日（土）10：00〜15：00

まずは、ご興味を持っていただけるかだけでも、
お聞かせ願えませんでしょうか。
かないましたら、直接ご説明させていただきたいと
思っております。
ご返信をお待ちしております。
なにとぞ、よろしくお願いいたします。

「頼まれごと」は嬉しいもの

さて、「断られる余白」は残すものの、もちろん喜んで受け入れてもらえるなら、それに越したことはありません。

そのための気づかいについても、述べておきましょう。

世の中には、人に頼むことが苦手な人がいます。そういう人は相手に負担をかけたくないと考えるからでしょう。

ただ、**上司や先輩に「折り入って頼みがある」と言われれば、嬉しく感じる人がほとんどです。**忙しいときでも、頼まれることで自尊心が満たされるのであれば、「まんざらでもないな」と思うのではないでしょうか。

依頼するときに大事な気づかいは、「依頼理由をハッキリさせる」ということです。

たとえば、雑用を任せるようなときに、**「君ならできる。だって君だもの」などと意味不明な理由を言われても、押し付けられたような気にしかならない**はずです。

いいメール

お願いがあります。明日のリーダー会議に私の代わりに出席してもらいたいんです。
急に取引先に呼ばれたので、欠席することになりました。明日の発表は、〇〇さんもメンバーに入っている※※プロジェクトについてですし、チーム会でもいつも堂々と発表している姿を見て、〇〇さんにお願いしたいと思いました。
引き受けてもらえませんか？

相手のことを見て、できるかぎり具体的に、ちゃんと考えていることを伝えたいものです。

そこで、上の依頼メールを見てください。ここまで依頼理由が明確だと、「よし、一肌脱ごう！」という気持ちにならないでしょうか。

こういった明確な理由がなかったり、断っているのにあまりにしつこかったりすると、相手の領土に踏み込むことになります。

お互いが気持ちよく引き受けたり断ったりできるような文章が書けるようになりましょう。

断りメールは「結論」から伝える

最後に伝えたからといって、
断ったことが無くなるわけじゃない。

「ハッキリ伝えること」は優しさ

前項では、依頼メールの気づかいは「断れる余白」だとお伝えしました。今度は逆の立場で、そのお断りメールの気づかいについて触れます。

私たちは断ることが苦手です。

せっかく声をかけてくれた相手を、「がっかりさせたくない」「嫌われたくない」という思いがあるからです。

しかし、問い合わせた側の立場になって考えてみましょう。**ダメなときは、ハッキリと「ダメ」と早めに言ってもらったほうが、さっさと次へ進めるのではないでしょうか。**

ヘタに可能性を残したり、お断りする文章に時間をかけて回答を先延ばしにしたりするより、よほど親切で優しいことです。

問題は、その「ダメ」の伝え方です。

相手を慮りすぎる人は、お詫びモード全開の長文になりがちです。

私が顧客対応の最前線にいた頃、たいして怒ってもいないお客さまに過剰に詫びたために、「なんだか私、あなたをいじめているみたいじゃないの」と、お叱りを受けたことがあります。

そして、そのお叱りにまたお詫びするという負のループにハマりました。

やりすぎて、相手の領土に踏み込んでいたのです……。

結論を「最後」にしない

そこでお断りメールの「気づかい」です。

左の図のように、「**結論↓理由↓詫び↓代案**」の順で書くのです。

相手が一番知りたいことは、「できるのか、できないのか」です。

だから、まずは、

「このたびのご依頼ですが、あいにく弊社ではお受けできないことがわかりました。」

と、「できない」という結論から伝えたほうが親切なのです。

いいメール

(結論) このたびのご依頼ですが、あいにく弊社ではお受けできないことがわかりました。

(理由) 昨今の天候不良の影響で仕入れが間に合わず、ご希望の日程までの納品が難しいことが理由です。

(詫び) せっかくお問合せくださいましたのに、お力になれず申し訳ありません。

(代案) そこで一つご提案ですが、私のお取引先のA社様が専門に取り扱っているとお聞きしています。よろしければおつなぎいたしますが、いかがでしょうか。

優しい人は、つい最初に理由や思いを長く書きすぎて、結論を最後に回してしまいがちです。

その気持ちもわかりますが、ここは相手を尊重して、先に結論を伝えましょう。

その後の理由が明確ならば、相手もあきらめがつきます。

代案を添えることで、なんとかしたいという気持ちも相手に伝わります。

「どう断ろうか……」と苦しむ前に、ぜひ、この型に沿って書き切ってみてください。

メールの「雑談」に反応する

事務的なメールにも、
温かさを込めましょう。

メールにも「タイプ」がある

あなたは、メールでの雑談にどう答えますか。

たとえば、後輩からこんなメールを受け取ったら、どんな返信をしますか？

「先日はランチをご馳走さまでした。お気に入りのお店に連れて行っていただけて、すごく嬉しかったです。入社時の失敗エピソードも、とても参考になりました。」

ちょっと考えてみてください。

ここで1つの判断軸を示しますが、あなたは「**ソーシャルスタイル**」を知っているでしょうか。

ソーシャルスタイルとは、アメリカの産業心理学者であるデビッド・メリル氏が提唱するコミュニケーション理論のことです。

人のコミュニケーションスタイルを「感情」と「自己主張」の2軸によって4つに分類します。それにより、

- **ドライバー（行動派）**
- **アナリティカル（思考派）**
- **エクスプレッシブ（感覚派）**
- **エミアブル（協調派）**

の4つに分けられて、営業や接客向けの研修などに活用されています。

自分のタイプを知り、さらに顧客のタイプがわかると、対応がスムーズになるのです。

コミュニケーションの仕方の違いによる無用なストレスも避けやすくなります。

それぞれのタイプによって、メールにも特徴があります。

タイプ別の「すれ違い」

先ほどのメール文章のように、「嬉しい」というような感情表現が入っていたら、「エクスプレッシブ（感覚派）」か「エミアブル（協調派）」の可能性大です。

ところが、こうした後輩からのメールに返信しない先輩たちは結構います。

彼らは、「ドライバー（行動派）」か「アナリティカル（思考派）」なのでしょう。

返事が来ないため後輩は、「失礼だったのかも……」と悩んだりします。

一方で、丁寧には丁寧で返そうと、やりすぎる人もいます。

「またランチに行こう！　次はイタリアンはどう？　じつは新しくできた店があって……」

などと、相手より長い文章で返したりしてしまうのです。

すると、それを読んだ新人がまた返信してくるという、めんどくさいループが生まれがちです。

何にでも、ほどほどがあります。

「**私の経験が参考になってよかったです**」

くらいの短い反応が、相手の負担にもなりません。

ここまで読んで、「そこまで気をつかうの？」と感じる人もいると思います。

しかし対面のつながりが希薄になっている今は、これまでより意識して「反応」することが、相手を尊重するための基本の気づかいだと思うのです。

「仕事と無関係のこと」を書いてみよう

続いて、あなたからの雑談が、相手にとってありがたい気づかいになる例を紹介します。

「会社とのやりとりは『チャット』、オンライン会議も『聞くだけ参加』。気づいたら、今日話した言葉はコンビニでの『PayPayでお願いします』だけだった。」

と、一人暮らしの友人が、リモートワークの日々をこんなふうに表現していました。

そんなときに彼に届いたのが、

「**今朝の雨には驚きましたね。そちらはいかがでしたか？**」

という、仕事とは関係のない一文からはじまるメールで、彼はそれが嬉しくて雨にすら感謝したというのです。

左の図のように、合理的に仕事を進める人はメールも簡潔です。

✕ ダメなメール

お疲れ様です。
先週訪問した〇〇社から、
2件発注があったので転送します。
この件について会議依頼しましたので、
宜しくお願いします。

ただ、リモート中心の職場にいるならば、少しだけメールに「雑談感」をプラスしてみましょう。

といっても、**「ゆるい」一文を添えるだけ**です。

会議でも、入室と退室のときに世間話をするのと同じく、メールの最初か最後がおすすめです。

「ありがとう」を加えると、読後に優しい余韻が残ります。

緊急や深刻なメールでないかぎり、ほんの「一文」を誰も嫌だと思いません。こんな気づかいも、相手の尊重につながります。

第5章

覚えていてくれているという安心感
──「記憶」のコツ

孤独感というストレスから相手を解放する気づかいが「記憶」という方法です。

前章の「領土」を尊重すること。**それは「放っておくこと」ではありません。**

「見てくれている」「覚えていてくれている」と相手に感じさせる適度な気づかいは、ストレスを減らしてくれます。

とはいえ、別に「記憶力をよくしろ」という話ではありません。交わした会話、後で言うこと、日々のことで「気づいたこと」をスマホにメモしておくだけです。

誰でも、後輩や部下の新たな一面や成長に触れた瞬間は「おお!」と感じるはずです。ただ、余裕のない日常の中では忘れてしまうだけです。

「あの人、メンバーのことをよく見ているよね」と言われる人は、忘れないうちにメモしています。

仕事ができる人は、メンバーの日報などの記入傾向、おおよその出社時刻、会議の合間の雑談で聞いた後輩や部下の関心ごとまでもメモしています。

すると、「日報の文章量が減っている」「出社ギリギリに来るようになった」という、少しの変化に気づくことができ、早めに対応できるのです。

また、相手にとって**「いい記憶」を残すこと**も、孤独感からの解放につながります。

「終わりよければすべてよし」とはよく言いますが、最終章にふさわしい「記憶」の気づかいのコツを最後にお伝えして、本書を締めくくりましょう。

「細々とした仕事」を誰がやっているか、把握しておく

あなたが当たり前に仕事ができているのは、
誰かが支えてくれているからです。

「小さな違い」に気づけるようになる方法

1つずつ「気づかいの壁」を越えることができるようになってくると、通常との小さな違いにも気づけるようになります。

「○○さんが朝から覇気がない（いつもは誰よりも元気に出社してくるのに）」

「会議の空気が重くなった（先週まではたくさん意見が出ていたのに）」

など、通常の状態を知っているからこそ、小さな違いをキャッチできます。

すると、「どうしたの？」と声をかけたり、会議での質問の仕方を変えてみたりすることができます。

さて、ここで1つ質問があります。

あなたは、「会社の備品を誰が補充しているか」を知っていますか。

パッとすぐに思い浮かびますか。その人の名前がすぐに言えますか。

いかがでしょうか。

他にも、社内の細々とした仕事はたくさんあります。

- **観葉植物には誰が水を与えているのか**
- **出社したときに、なぜちゃんとブラインドが上がっているのか**
- **なぜ、コピー用紙が切れないのか**

かつて、会社員時代の最初の頃の私もそれらのことを気にも留めていませんでした。

しかし、あるとき、夕方の給湯室で加湿器を洗っている他チームの方を見かけて驚いたのです。

声をかけると、「好きでやってるんですよ〜」と笑顔で返されました。

オフィスの快適な状態が身近なメンバーの厚意によって保たれていることを知り、それまでの自分を反省しました。

日々の通常に「感謝」を伝える

「はじめに」で少し触れましたが、小さな違いに気づけるかどうかには、個人差があります。

とはいえ、**日々の職場環境の「通常を知っておくこと」「誰が何をやっているかを把握しておくこと」は、誰にでもできること**です。

見ていたつもりでも、意識しないと認識できないことはたくさんあります。

そして、その通常の状態を維持してくれている人に感謝して、タイミングを見つけて、**「いつもありがとう。何かあったらいつでも声をかけてね」**

ということを伝えてみましょう。

私のリクルート時代の上司がよく言っていたのが、「半径5メートルの人を幸せにすることが大事だ」ということでした。

まさに、「見ていてくれた」「知っていてくれた」を伝えることこそが、その人のその日を幸せにするのだろうと思います。

落ち込んでいそうな人に「5分いい?」と声がけする

そこで躊躇してしまうと、
退職してしまうかもしれません。

職場の中の「孤独感」

仕事中、落ち込んでしまうことはよくあります。

うまくいきそうな案件が失敗してしまったり、会議の場で上司からダメ出しを受けたり……。**特に新入社員やキャリアの浅い同僚は、うまくいかないことも多いでしょう。**

これは、ある若手リーダーの話です。

役員も出席する会議で、彼は組織改善に関する提案をしました。直属の上司にも事前に情報を共有し、つっこみどころがないように、根拠も十分に準備して臨みました。

ところが結果は、会議の参加者全員が「反対」でした。

その彼は、誰が見ても明らかにガックリと肩を落として、その場を後にしました。

その後、上司からのフィードバックもなかったようで、彼は職場の中で深い孤独感に苦しめられたと言います。

こうした話は、多くの職場で同じようなエピソードを聞きます。

そして、同じオフィスで仕事をしていれば、誰かが明らかに落ち込んでいる場面を目にすることもあるでしょう。

そんなとき、あなたならどんなことをするでしょうか。

先ほどの例で大切なのは、会議の後の上司からのフォローだと思わないでしょうか。

あるいは、同僚から何か声がけがあれば、彼の孤立した状態をなくせたかもしれません。

もちろん、プライドが高い人であれば、そっとしておくのも1つの優しさでしょう。

しかし、どこかのタイミングで適切な声がけがないと、**やり切れない思いを抱えたまま、最終的には離職につながってしまうケース**が多いのではないでしょうか。

「ちょっとした声がけ」が安心になる

声がけといっても、会議後に、

「**5分いい?**」

と聞いて様子をうかがってみるだけです。

上司であれば、フォローすることも業務の一部に入っているでしょう。

ただ、直属の上司でなくても、同じ職場で働く同僚なのであれば、おせっかいに思われてもフォローが必要なときはあると思います。

もし、そこで「今ちょっと忙しいので……」「私なら大丈夫ですよ」と断られたのなら、そっとしておくべきなのかもしれません。

あなた自身が心の壁を越えたのなら、あとは相手の心の壁の問題です。

「いつでも声をかけて」とだけ残して立ち去ればいいのです。

ちゃんと相手の様子を見て、「心配している」ということが伝われば、それは安心感につながるでしょう。

そのための気づかいを、躊躇しないようにしてみてください。

本人が「いないところ」で褒める

人のいいところは、積極的にシェアするようにしましょう。

「褒めるタイミング」は難しい

１９６ページで、「よい出し」について述べました。

相手の「できている行動」や、「以前はできなかったけれど、できるようになった行動」を見つけたら言葉にするのです。

ただ、「さあ、よい出しするぞ」と思ったときには本人が立ち去った後だった、なんてことがよくあります。タイミングを逃したら、褒めるハードルは上がってしまいますよね。

しかし、安心してください。

せっかく自分の心の壁を越えようとしたのですから、**忘れる前にメモしておけば、次のよい出しのタイミングに思い出せます。**

私には、かつて大手企業の海外支店で支店長をされていた、コンサルタントの先輩がいます。さりげなく大人な気づかいをされる人で、若い人からベテランまで、どの世代からも慕われる自慢の先輩です。

その方から教わった方法は、

「他の人につぶやいてみる」

という方法でした。

「褒め言葉」は回り回ってくる

あなたが褒められるときのことを考えてみてください。

もちろん、「さっきのプレゼン、よかったよ」と直接言われることも嬉しいかもしれませんが、少し照れくさくてなんと返事すればいいか迷いますよね。

それでは、

「〇〇さんが『さっきのプレゼンよかったよ』って褒めていたよ」

と、間接的に褒められるのはどうでしょう。

こちらのほうが照れもなく、嬉しさも倍に感じないでしょうか。

直接言われるよりも、「どこかで自分のことが話題にのぼっていること」に、自尊心がくすぐられることでしょう。

さっきのプレゼン、
○○さんが
褒めていたよ
ありがとうございます！

▶ 回り回ってくる褒め言葉は、嬉しい

そうなのです。褒め言葉は、どこかで誰かにつぶやくと、そこにいない本人に回り回っていくのです。

褒めた人にとっても、「**いつも人のいいところを見ている**」という好印象につながります。もちろん、それを目的に褒めるのはあざといと思いますが、いい部分を見つけたのなら、積極的につぶやくようにしてみましょう。

ただし、本人がいないときでも、絶賛したり褒めちぎったりはしないようにしてください。

誰がどんな嫉妬心を持つかわかりません。

「一言だけを、ぽろっと」くらいが記憶にも残りやすく、ちょうどいいのです。

いかなるときも「でも、よかったね」で締めくくる

どんなに悪い過去でも、
後から振り返ると、いい記憶になります。

苦情のピンチは「大きなチャンス」

これまで、後輩や部下への「アドバイス」で悩む先輩や上司のみなさんをたくさん見てきました。

そんな方々に知っておいてもらいたい考え方があります。

それは、苦情対応の最前線にいた頃に知った、苦情の申し立てと再購入率の相関関係を表す「**グッドマンの法則**」（©顧客ロイヤルティ協会）という考え方です。

その法則は３つあり、１番目に掲げられている法則が、次のようなものです。

「不満を持った顧客のうち、苦情を申し立て、その解決に満足した顧客の当該商品サービスの再購入決定率は、不満を持ちながら苦情を申し立てない顧客に比べて高い」

実際の例でいうと、１万円以上の商品の場合、苦情を迅速に解決してもらえたお客さまの再購入率は「82％」で、苦情を申し立てなかった人の再購入率は「９％」だったのです。

この数字を見ると、苦情は「**信頼回復の機会につながるチャンス**」ということを教えてくれていることがわかります。つまり、「**言ってもらえてよかった**」のです。

最後はポジティブに転じる

若手が失敗すると、原因を追究し、厳しく指摘したくなるときがあると思います。

ただ、絶対にやってはいけないのは、「二度としないように」と、最後に言い残すようなことです。

また、優しい人が言いがちな「まあ、気にしないようにね」という声がけも、一見、救われるように聞こえますが、その言葉を真に受けられてしまうと逆効果です。

では、厳しいことを伝えながらも、前向きな感情を残すためには、どうすればいいのでしょうか。アドバイスの最後に、こんな声をかけてあげてください。

「今、失敗を経験しておけば、繁忙期の対策が立てられるからよかったと思いますよ」
「早い段階で先方にお詫びに行けたからよかったよ」
「勘違いがこの機会にわかったし、よかったはずだよ」

と、たとえわずかながらでも、**「失敗したからこそ得られた経験」のほうに目を向けてみて、そこに触れる**ようにしましょう。

「よかったね」という言葉には、失敗した過去をよい記憶として残す力があるのです。

また、「苦情対応」も似ています。

たとえ、相手がどんなに非常識なことを言っていても、「相手は今、そう思っている」ということを受け止めて、正しいかどうかのジャッジは、いったん横に置いておきます。

どんなに大きく怒っているお客さまでも、気持ちがおさまり、許してもらえたら、お詫びをお礼に切り替えます。

誰でも、謝られ続けるより感謝されたほうが嬉しいからです。

「〇〇様、最後になりますが、本日はご連絡をくださってありがとうございました」と、最後を感謝で締めくくると、最初は苦情だった電話が、切るときには「いいことをした」という温かい記憶に変化するのです。

小さな約束ほど「守り抜く」

そう簡単に、相手は忘れては
くれないものです。

「簡単な提出物」を後回しにしない

あなたは、あまりにも気軽に「小さな約束」をしていないでしょうか。


「いい本があるから、今度持ってくるね」

「また今度、機会があったら誘うね」

「落ち着いたら、○○さんも誘ってご飯しようよ」


「今度」というのは、使い勝手のいい言葉です。

つい口グセみたいに何度も使っている人が多いように感じます。

では、**どのくらいちゃんと「今度」を実行しているでしょうか。**

仕事の納期やアポの時間など、大きな約束の場合なら私たちは絶対に守ります。

ところが、緊急性のない業務や雑談中に交わした小さな約束ごとは、優先順位の後ろに追いやってしまいます。

たとえば、提出物です。取りまとめる担当者は、提出状況を毎日確認しています。期日を守らない人には催促の連絡という業務も生まれます。

簡単な提出物ならば、後回しにせず当日中に出してしまいましょう。

期日を守ることは、担当者のストレス軽減と時間節約への気づかいです。

「小さな裏切り」が誰かを傷つけているかもしれない

先ほども述べたように、「今度ランチでも行こうね」という言葉は、「お疲れさま」くらいの感覚で、私たちの口グセになっています。

ただ、**言ったほうは忘れても、言われたほうは案外、忘れていません。**

特に若い人は、本気で信じていたりします。

実際に、その言葉を受け止めて、「いつ誘ってくれるのかと楽しみに待っていたけど、誘われなかったから、嫌われているのかもしれない……」と悩む新入社員もいます。

声をかけたほうの人は、**「まあ、たぶん忘れているだろうな」と、都合よく考えてしまいます。**

若手にとっては先輩から誘われたランチは特別なものです。気軽に声をかけたことが、

こないだのランチの約束
いつにする？
ありがとうございます！

▶ 小さな約束を守ってくれると、嬉しい

小さな裏切り行為になることもあるのです。人はそんなに簡単には忘れないものです。

このように、「小さな約束」は、スマホなどにメモしておいて、タイミングを見て、守るようにしましょう。

「あの人は口だけだ」というイメージが一度ついてしまうと、なかなか払拭できません。

職場で誰にでもできることは、「小さな約束だからこそ守り抜く」という姿勢です。

まずは、**これまで「今度ランチしようね」と声をかけた人たちを1人ずつ思い出してみて、もう一度、本当に誘ってみましょう。**

きっと、「覚えていてくれたんだ！」という安心感を生み出せると思います。

記憶

6

「メールで断ったこと」は次に会ったときに必ず触れる

「メールで言ったからいいだろう」と
都合よく思わないようにしましょう。

「断った後」にできること

本書では、何度もメールでの例を紹介してきました。

仕事でのやりとりは、いまやメールが中心かもしれません。

２１４ページでも述べたように、依頼や断りのメールは、特に気をつかうことでしょう。

そこでは、言葉選びに気をつかったと思いますが、さらにもう１つ、「記憶」に関する大事な気づかいを紹介します。


私の知り合いに、金融機関の窓口を担当する「気づかいの女神」がいます。

「一生を幸せにする人は１人だけれど、一瞬を幸せにする人は何人いてもいい」など、彼女の言葉から多くのことを学びました。

その中の１つに、

「**お断りしたお客さまの顔を覚えておくこと**」

というものがあります。


金融機関の閉店は15時ですから、閉店後に訪れるお客さまもいます。そんなときには、対応をお断りしなくてはなりません。

そして、翌日以降に来店されたときに、

「この前は失礼いたしました」

と伝えるようにしているそうです。

相手にしてみれば、断られた前回の記憶が「覚えていてくれた」という嬉しい記憶に上書きされます。何より、覚えていることに驚くことでしょう。

自分から言わないと意味がない

そんな彼女の例をお伝えすると、「一度会っただけの人の顔を覚えておけるなんて特殊能力だ」と返されるかもしれません。

そういう側面もあるかもしれません。

しかし、そこから学べる、誰にでもできることがあります。

私たちは、日常業務の中で「断る」ということをしています。特にメールでの依頼やお誘いには日常的に断りの返事をしているはずです。

さて、社内外でその人に会ったときに、

「この間はお断りしてごめんなさいね」

「お力になれず申し訳ありません。また何かあったら言ってくださいね」

と、自分から言えているでしょうか。

断ったほうは覚えていなくても、断られたほうは絶対に覚えているものです。

とはいえ、相手のほうから、

「この間は急にお誘いしてすみません……」

と言わせてしまうのはＮＧです。

相手のほうからお誘いのメールを、心の壁を越えて送ってくださったのです。

次は、あなたのほうから声をかけましょう。

お断りしたことは、スマホなどにメモしておき、次に会ったとき、必ず自分から先に触れるようにしましょう。いい印象に上書きされ、次回のお誘いもされやすくなります。

「細く長く」の関係を続ける

その縁が、何にどうつながるか、
誰も予想なんてできないものです。

「熱心な営業」からの落差

さて、いよいよ本書でも最後の気づかいのコツです。

ここまでの内容は、じつはこれにつながっていると言っても過言ではありません。

というのも、「はじめに」で述べたように、ビジネスライクなやり方で行き詰まっている人や、なぜかチャンスに恵まれない人に向けて、ここまで書いてきたつもりだからです。

ビジネスライクな人は、同僚や取引先の関係者を「仕事上だけの関係」と考える傾向にあります。

それを象徴するように、営業向けの研修をするとよく聞くのが、

「契約が成立した途端に、音沙汰がなくなった」


という苦言です。

契約を交わすまでは、手土産を持ち、何度も足を運び、さまざまな手を用いながら、熱

心に営業をかけるものです。

それが、「もう大丈夫だ」とわかった途端に、パタッと連絡が途絶えてしまうと、お客さまは強い違和感を持ちます。まさに、釣った魚に餌をやらない状態です。

気づかいは、このような「わかりやすい見返り」のためにやるものなのでしょうか。

私は違うと思います。

ここまで読んでくださった読者のみなさんになら、同意していただけると思います。

お客さまにとってみると、契約が決まった後の商品やサービスの利用のほうが重要だったりします。

仕事だけの関係性であることを最後に印象づけてしまうと、

「あの人を他の誰かに紹介しよう」

「あの人に任せれば安心だ」

と、思い出されることはありません。

世の中は、何がどこにつながっていくか、本当にわからないものです。

特別なことがなくても連絡しよう

ここで覚えておいてほしいのが、

「Keep in touch.（連絡を取り続けよう）」

という言葉です。

私がアメリカに住んでいた頃、別れ際によく「Keep in touch.」という言葉を耳にしました。「またね～」くらいの感覚で私も使っていましたが、ここには気づかいにおいて重要な意味が隠されていたのです。

日々の営業で忘れてしまいそうなら、ここはいっそ、連絡のタイミングをスケジューリングしてしまいましょう。

3ヶ月に一度は、顧客リストに目を通し、これまで会った人の顔を思い浮かべましょう。

そして気になったことがあれば、

「その後、使い心地はいかがでしょうか」

「どうされているかと思いご連絡しました」

と、短いメールを送ってみてください。

これが、私がお伝えしたい、最後の心の壁の乗り越え方です。

「たいした話題もないのに連絡するのは迷惑なのでは？」と考えすぎる人がいます。

しかし、ここまでの内容を読んできたあなたなら、きっと大丈夫だと思います。

とっておきの話題もないのに連絡するからこそ、相手に「関心を持たれている」実感が生まれるという考え方もあります。

現に、顧客離れの理由を調べたアメリカのデータでは、その第1位が「無関心」でした。

とはいえ、全員に同じことを送るような、ダイレクトメッセージのような内容なら、やる必要はありません。

あくまで、その人に感じる思いを、そのままお伝えするだけのもので大丈夫です。

その壁を越えるあなたにだけ、大きなチャンスや運はやってくるのです。

「Keep in touch.」の関係は、細く長くがちょうどいいのです。

おわりに

アジア圏への海外旅行で、「現地の人に親切にされたことがある」という体験を語る方が多くいます。私も以前、台湾を訪れた際に、空港や飲食店などで、地元の方に何度も助けていただいたことがあります。

異国の地で受けた親切は本当にありがたく、「これからは日本で困っている外国人観光客を見かけたら、私も声をかけよう！」と意識高く帰国するのですが、いざ実行するとなると、なかなかハードルが高いものです。

これは、ビジネスシーンの人間関係でも言えることだと感じています。

気づいているけれど自分の壁を越えられない人に共通するのは、「過去に相手から冷たく断られたことがある」「おせっかいで逆に叱られてしまった」などの経験があることです。そんな方々に、次のような質問をします。

「では、そうやって断られたことは何回ですか？」

「最後に、そうやって叱られたのは、いつですか？」

すると、「1回だけです」「2年以上前ですかね」という答えが返ってきます。

たった1回の例だけを取って、「いつもそうなる」「また同じことが起こるはずだ」と、すべてのことに当てはめてしまう思考のクセを、心理学では「過度の一般化」と言います。


私自身、アメリカから戻り、日本の企業で勤めはじめた頃、社内で目の合った全員にニッコリと会釈していたら、ある先輩から注意されたことがあります。

13年半、日常的にしてきたことだったので、無意識だったのですが、「そうやっていると、相手から勘違いされるよ。ここはアメリカじゃないから」と言われ、気をつけるようになりました。

しかし、今思うと、「過度の一般化」だったと感じます。たった1人から言われたことを、あたかもみんなが言っているかのように捉えてしまったのです。

今の私であれば、そんな言葉を言われたとしても、「自分がされて嬉しいことをする」という判断ができたと思います。

もし、あなたも同じような経験をして、気づかいにおける躊躇が大きくなってしまったのなら、もう一度、自分の考えによって自分自身を変えていってほしいなと思います。

また、「気づかいなんて不要だ」という鈍感タイプの上司のもとで育った人もいるでしょう。そんな環境では、上司からされて嬉しかった経験は少ないかもしれません。

しかし、外に目を向けると、学べることが無限にあります。

私は、月次で行なうリーダー研修で、「外部のサービスに触れて嬉しかった経験」をレポートしてもらうことがあります。

普段は気づかいと無縁そうに見えるリーダーでも、お客さまの立場になると、「あそこの居酒屋の女将の気づかいが素晴らしい」「家電量販店の店員さんの接客に感動した」など、詳細にレポートを書いてくれます。

そんなみなさんは、じつは「気づかい」をキャッチする感性を持ち、「気がつくことができる人」なのです。

その研修では、「その経験をメモしておいてください」とお伝えしています。

あるいは、上司や同僚から「してほしかったこと」をメモしておくこともよいでしょう。

自分がされなかった経験もまた、あなたの気づかいにつながります。されなかったことを「自分もしなくていいこと」と捉えるのか、逆に「されたかったからこそ自分がすること」と捉えるのか。すべては、あなたの「自分の課題」なのです。

さて、本書を執筆するにあたっては、私の周りにいる数多くの優秀なリーダーたちにインタビューでご協力いただきました。20代後半から40代を中心とした、「最後にチャンスをつかめる」「また次の仕事をお願いされる」という運をつかんだ人たちです。

インタビューをとおして、この運の裏側を分析してみると、3つの共通項を見つけることができました。

1つめは、「部下との信頼関係が強固だ」という点です。

彼らはみな、必要なときには助けるけれど、本人の成長のために甘やかすことはしないリーダーたちです。時に叱責することもあります。

しかし、日常的に気づかいに触れている部下たちは、「この人の言うことだから」と、素直に耳を傾けます。

ひとたび信頼関係が築かれると、叱責も必要でありがたいことに映るのでしょう。

そうやって気づかいがあることによって、相手の認識を変えることができるのです。

私は1年間、ある旅館のスタッフさん向けに「気づかい」の教育をしていたことがあります。月を重ねるごとに効果が出て、予約サイトの「接客」の評価が上がっていきました。すると、「風呂」や「部屋」の評価も上がっていったのです。修繕工事をしたわけではないのにです。

いい接客を通して、信頼関係が生まれ、「来てよかった」というメガネをかけて物事を見るようになるからです。すると、「古いお風呂や客室」も、「味がある」「風情がある」「清掃は行き届いている」と、いい部分が見えてくるのです。

スタッフさんの気づかいがお客さまの認識を変え、信頼関係を作り上げた。そんな威力があるのです。

2つめの共通項は、「仕事の精度も高い」という点です。

気づかいというメガネを通すと、ものごとを見る解像度が細かくなり、今まで気づかなかった仕事の改善点や工夫する点までが見えてきます。

私が教育に携わっている、ある企業の営業部門の例です。

お客さまの年齢や商品知識に合わせ、話す速度や言葉を変えるように指導をしました。すると、「あなたの説明がわかりやすかったから契約します」と、成果につながったという報告をたくさんいただきました。

あるいは、営業の引き際を心得るようになり、ゴリ押しする営業トークをやめたら、お客さまのほうから、「もう一度話を聞きたい」と連絡をいただいたという例もあります。

気づかいが苦手だった人たちが週単位で成長し、3ヶ月後には営業部門のトップクラスにまで成長したような例も、たくさんあります。


3つめの共通項は、「組織内に気づかいの輪が広がっている」という点です。

本書で紹介した「外からの訪問者に声をかける」などの話は、実際に私が訪れた企業さんでの体験です。いつ行っても、誰もが同じ行動をされているのは、リーダー自らが実行しているからです。

どんな文化や風土も、「最初にやりはじめた人」がいます。

素敵な社風が勝手に出来上がってくるなんてことはあり得ません。

必ず、誰かの存在が裏側にあります。

それが、あなた自身だったとしたら、こんなに素敵なことはないと思いませんか。

本書で紹介した方法を実践して、最初は誰からも反応がないかもしれません。しかし、それはあくまで「相手の課題」ですから、気にしないことです。

あなたは、あなた自身が「されて嬉しかったこと」を続けていくだけです。

「返報性の法則」といって、あなたが発したことは、いずれ相手からも同じように返ってきます。さりげなく続けてきたことで、じわじわと気づかいの輪が広がり、やがて文化や風土になっていく。そうやって変わった組織の例を数多く見てきました。

気づかいを続けると、人から信頼され、仕事の業績や結果にもつながります。チャンスや運は、そんな人に訪れます。

いまや転職が当たり前の時代です。前職での経験を買われても、組織特有のシステムやスキルなど、その会社だけの知識は一度ゼロになります。

しかし、気づかいの壁を越える力は、どこに行っても普遍的なものです。新しい職場でも、早い段階で部下や同僚から信頼が得られるなど、あなたの強い味方になってくれるでしょう。どうぞ、あまり頑張りすぎずに、最初は60点を目指してみてください。

最後に、この本を執筆するにあたり、多くの方々にご支援をいただきました。

私に「顧客満足」の世界を教えてくださった恩師の故 佐藤知恭先生。

NPO法人 顧客ロイヤルティ協会の伊藤秀典理事長はじめ理事のみなさま。

アパレル企業で約1500名の販売員さん向けに「サービスの心の壁」を取り払う教育を行ない、私に「壁」を考えるきっかけをくださった、同協会副理事長の高木雄子さん。

リクルート時代の上司だった河合洋さん、山田修司さん。

出版決定の当初から勇気づけてくださった、ヒューマン・ギルド代表の岩井俊憲先生。

情報発信の大切さを授けていただき、発売時の帯の推薦文を書いてくださった樺沢紫苑先生。

そして、初めて出版する私を温かく気づかいながら、刊行まで導いてくださったダイヤモンド社の編集者、種岡健さん。

みなさまに心からお礼を申し上げ、深い感謝の意を表します。

川原礼子

参考文献

『人生が大きく変わるアドラー心理学入門』（岩井俊憲 著、かんき出版）
『人を育てるアドラー心理学』（岩井俊憲 著、青春出版社）
『みんな違う。それでも、チームで仕事を進めるために大切なこと』（岩井俊憲 著、ディスカヴァー・トゥエンティワン）
『GIVE & TAKE「与える人」こそ成功する時代』（アダム・グラント著、三笠書房）
『「繊細さん」の本』（武田友紀 著、飛鳥新社）
『発達障害の人が見ている世界』（岩瀬利郎 著、アスコム）
『もしあと1年で人生が終わるとしたら？』（小澤竹俊 著、アスコム）
『あなたが創る顧客満足』（佐藤知恭 著、日経ビジネス人文庫）
『CSを超える顧客ロイヤルティ』（NPO法人 顧客ロイヤルティ協会 伊藤秀典 タカギユウコ 著、ハウジングエージェンシー）

［著者］
川原礼子（かわはら・れいこ）
株式会社シーストーリーズ 代表取締役。
元・株式会社リクルートCS推進室教育チームリーダー。
高校卒業後、カリフォルニア州College of Marinに留学。その後、米国の永住権を取得し、カリフォルニア州バークレー・コンコードで寿司店の女将を8年経験。
2005年、株式会社リクルート入社。CS推進室でクレーム対応を中心に電話・メール対応、責任者対応を経験後、教育チームリーダーを歴任。年間100回を超える社員研修および取引先向けの研修・セミナー登壇を経験後独立。株式会社シーストーリーズ（C-Stories）を設立し、クチコミと紹介だけで情報サービス会社・旅行会社などと年間契約を結ぶほか、食品会社・教育サービス会社・IT企業・旅館など、多業種にわたるリピーター企業を中心に"関係性構築"を目的とした顧客コミュニケーション指導およびリーダー・社内トレーナーの育成に従事。コンサルタント・講師として活動中。ニックネームは「れーこ先生」。
NPO法人顧客ロイヤルティ協会認定CSマネージャー、ヒューマン・ギルド認定ELM勇気づけトレーナー、ブランド・マネージャー認定協会認定インターナルブランディングプラクティショナー、青山学院大学履修証明プログラム修了ワークショップデザイナー。本書が初の著書となる。

気づかいの壁
――「気がつくだけの人」を「気が利く人」に変える、たった1つの考え方

2023年２月14日　第１刷発行
2024年５月31日　第６刷発行

著　者――川原礼子
発行所――ダイヤモンド社
〒150-8409　東京都渋谷区神宮前6-12-17
https://www.diamond.co.jp/
電話／03･5778･7233（編集）　03･5778･7240（販売）

ブックデザイン―山之口正和＋齋藤友貴（OKIKATA）
イラスト――meppelstatt
校正――――円水社
製作進行――ダイヤモンド・グラフィック社
印刷――――勇進印刷
製本――――ブックアート
編集担当――種岡 健

ISBN 978-4-478-11609-8